AF364079

V

47/60

EXAMEN
DES EFFETS

QUE doivent produire dans le Commerce de France, l'usage & la fabrication des Toiles Peintes.

EXAMEN
DES EFFETS

QUE DOIVENT PRODUIRE dans le Commerce de France, l'usage & la fabrication des Toiles Peintes :

OU

RÉPONSE à l'Ouvrage intitulé : Réflexions sur les avantages de la libre fabrication & de l'usage des Toiles Peintes.

GENEVE,

Et se trouve à Paris,

Chez la Veuve DELAGUETTE, Imprimeur-Libraire, rue S. Jacques, à l'Olivier.

M. D. CC. LIX.

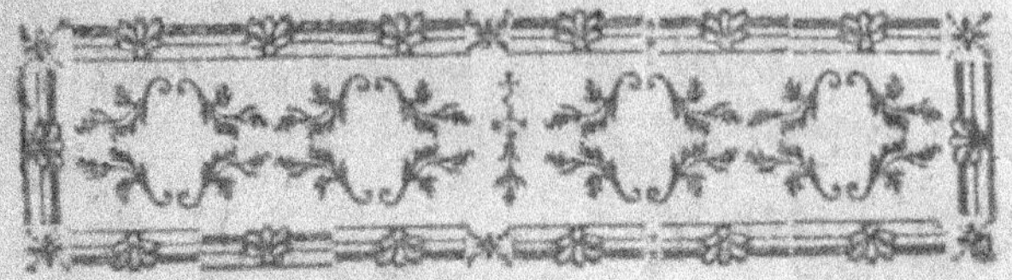

TABLE

DES CHAPITRES

Contenus dans ce Volume.

EXAMEN

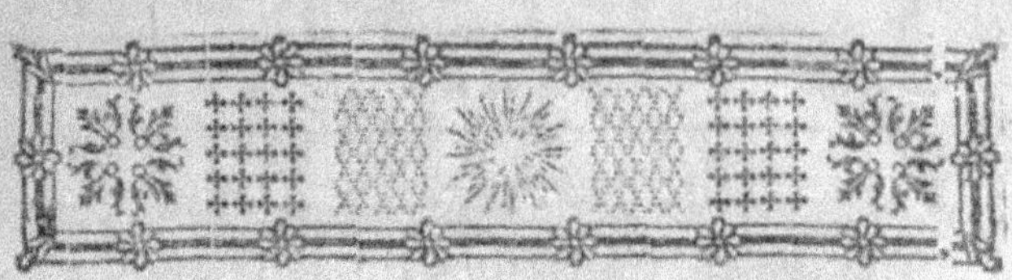

EXAMEN

DES effets que doivent produire, relativement au Commerce intérieur & extérieur de France, le libre usage & la fabrication des Toiles Peintes.

OU

RE'PONSE des Fabriquans de Paris, Lyon, Tours & Rouen, & des six Corps des Marchands de la ville de Paris, à l'ouvrage intitulé : *Réflexions sur les avantages de la libre fabrication & de l'usage des Toiles Peintes.*

INTRODUCTION.

NOUS nous proposons de traiter une question, qui partage aujourd'hui tous ceux qui s'intéressent à la conservation & aux progrès de notre Com-

A

merce. Chargés par les Députés des principales Fabriques du Royaume, de mettre en ordre & de préfenter dans tout leur jour les moyens qui se trouvent répandus dans les Mémoires qu'ils ont déja publiés, nous nous fommes crus obligés de juger leur caufe avant que d'en entreprendre la défenfe. Sans partialité fur l'objet foumis à la délibération du Confeil, nous avons d'abord lû & examiné avec la plus grande attention tout ce qui a été écrit de part & d'autre : nous y avons joint l'étude des principes & les réflexions permifes à un Citoyen fur tout ce qui intéreffe le bien public.

Nous avons vu d'un côté les préjugés les plus accrédités & les plus refpectables. Nos Commerçans préfentent au Confeil une fuite non interrompue de Règlemens anciens & modernes : ces premiers Légiflateurs de notre induftrie, ces Hommes d'Etat, qui conftamment attachés aux

principes (*a*) de M. Colbert, leur maître, virent la France recueillir le fruit
des soins que ce grand homme s'étoit
donnés, furent les premiers Auteurs des
Loix prohibitives qui ont interdit l'usage
des Toiles Peintes. On ne peut les soup-
çonner d'avoir ignoré les premières maximes du Commerce, ou d'en avoir mé-
connu les avantages. Ils sçavoient que
l'on devoit ouvrir au travail toutes les
portes par lesquelles il peut s'introduire
chez nous ; ils étoient bien persuadés,
que pour augmenter aux yeux de nos
voisins le prix de nos productions, il faut
multiplier la main-d'œuvre ; & leur but
principal fut toujours de rendre l'étranger
tributaire de notre industrie. Pouvons-
nous aujourd'hui nous plaindre de leur
zèle ou accuser leur prudence? Si les succès
dont un plan est suivi suffisent pour le

______

(*a*) M. Pelletier, successeur du Grand Colbert, suivit ses principes & travailla sur ses
Mémoires.

justifier, quels éloges ne doit-on pas à leur systême ? Supérieure à ses voisins & par ses forces & par ses richesses, la France n'a-t-elle pas trouvé dans son Commerce des ressources inépuisables ? Tous les Arts réunis dans son sein y ont attiré l'or des étrangers. Nos Manufactures ont excité leur admiration ; notre goût est devenu leur règle ; nos magazins se sont remplis & vuidés à leurs dépens. Enfin, l'émulation & l'industrie ont procuré au Corps politique, qu'elles ont animé, une santé capable de résister aux plus violens assauts & aux secousses les plus terribles.

Ce fut cependant alors ; ce fut dans ces tems heureux pour notre Commerce, que les Réglemens prohibitifs des Toiles Peintes furent le plus sévérement exécutés. Donc, la gêne de ces prohibitions n'est point nuisible aux progrès de notre industrie nationale. Donc, on ne s'étoit point trompé, lorsqu'on les avoit au contraire regardées comme nécessaires à l'augmentation de notre travail.

Nos Manufactures sont-elles plus florissantes depuis que l'on néglige l'observation de ces Loix ? La somme totale de nos exportations a-t-elle augmenté ? La circulation intérieure est-elle plus rapide ou plus étendue ? Ce sont des faits à vérifier, & il faut convenir que la diminution sensible & du travail & du Commerce de nos Manufactures n'est point propre à nous rassurer sur les suites de l'inexécution, ou même de l'abrogation des Règles dont nos Commerçans souhaitent la conservation.

D'un autre côté, ceux qui favorisent l'usage des Toiles Peintes allèguent en leur faveur cette liberté précieuse, sans laquelle le Commerce languit, l'émulation s'amortit, & une partie de notre industrie demeure perdue pour la nation. Si la liberté du Commerce est un bien, disent-ils, une plus grande liberté doit

A iij

être un plus grand bien. Pourquoi avoir recours à la gêne des Règles ? Chaque Commerçant n'en doit point avoir d'autre que celle de son intérêt ; & les seules Loix qu'on doive le forcer à respecter sont celles de la bonne foi : l'attrait du gain le conduira toujours dans la route où il croira rencontrer la fortune. Ouvrez donc autant de ces routes qu'il peut y avoir d'intérêts particuliers. Ne vous embarassez pas si elles se croisent & se nuisent ; elles meneront toujours au but qui est la richesse de l'Etat, & les plus sûres seront nécessairement les plus fréquentées.

Incertains entre ces deux systêmes, nous avons long-tems suspendu notre jugement. Nous avons attendu pour nous déterminer que chaque Parti eût exposé toutes ses raisons au tribunal du public. Les Députés des différentes Manufactures du Royaume ont expliqué les leur dans une foule de Mémoires, où ils ont peut-être un peu trop mêlé à d'excellentes raisons

prifes dans l'avantage général du Commerce d'autres raifons moins frappantes
pour le public, & tirées de la décadence
de la fortune particulière des Négocians.

Un Auteur (*a*) qui a fait fa prin-
cipale étude des Loix générales & des
maximes du Commerce, a enfuite traité
cette queftion fans ofer la décider ; on
voit bien qu'il incline pour l'exécution
des anciens Règlemens ; il en fent la
néceffité, mais il fe fait une loi d'expofer
avec franchife les raifonnemens fur lefquels
on fe fonde pour en demander l'abrogation : il convient que les moyens pour &
contre méritent toute l'attention du miniftère, mais il croit en même-tems qu'il eft
important de juger, & que l'incertitude &
l'indécifion feroient fur cet objet beaucoup plus préjudiciables à l'intérêt commun, qu'une Loi quelle qu'elle fût.

(*a*) M. de Forbonnois. Examen des avantages & des défavantages de la prohibition des
Toiles Peintes.

Enfin, les Partisans des Toiles Peintes ont réuni toutes leurs raisons dans un ouvrage aussi bien fait qu'il pût l'être, & qui a paru sous le titre de *Réflexions sur les avantages de la libre fabrication & de l'usage des Toiles Peintes.*

Annoncer que nous entreprenons la réfutation de cet ouvrage, dont nous respectons & estimons l'Auteur, c'est convenir que nous avons pris notre parti sur la question : mais nous ne pouvons trop le répéter, nous ne l'avons pris qu'après avoir scrupuleusement pesé les moyens de part & d'autre ; & notre propre conviction a précédé les efforts que nous ferons pour la porter dans l'esprit de nos Lecteurs.

Nous ne devons point être effrayés du jugement par lequel on assure que le public a déja décidé : il aime les Toiles Peintes, dit-on : il aura peine à adopter des raisons qui contredisent son goût.

La multitude peut embrasser une er-

reur, mais c'est notre faute si elle y per-
sévère. Ce public si redoutable est après
tout, non-seulement le juge le plus sûr,
& le plus équitable, mais celui qui revient le plus facilement de ses préjugés.
L'expérience nous apprend que s'il a des
goûts, du moins n'a-t-il point de passions.
Or, ce sont celles-ci qui nuisent au progrès de la vérité.

Nous supplions ce Public, que nous
prenons très-volontiers pour notre juge,
de se défier un peu de toutes les idées
nouvelles qui lui sont présentées. C'est
précisément parce qu'elles sont nouvelles
qu'elles méritent le plus sérieux examen :
il est naturel à l'homme de tendre au
mieux ; mais nous conseillons à l'homme
sage d'approfondir d'abord si ce prétendu
mieux ne commencera point par détruire
le bien dont il jouit.

C'est cet ennui d'un vieux *bien* que
nous possédons depuis des siècles, qui a
fait en France des maux de toute espèce :

il semble que tous les abus soient freres : car ce mot de *liberté*, dont on abuse tant dans le Commerce, pour détruire tout ce que nos peres ont édifié, est précisément le même mot que répètent sans cesse les Auteurs des nouveaux systêmes en tout genre : & Dieu sçait si leurs productions ont été utiles à la Patrie, à la Religion, au Gouvernement.

Il semble que depuis quelques tems notre goût général soit, de prouver que ceux qui nous ont dévancé n'ont pas eu le sens commun. La Philosophie du dernier siècle étoit ridicule & absurde nous disent nos Métaphisiciens : ce n'est que d'aujourd'hui que l'on connoît les maximes fondamentales de notre Gouvernement, nous disent certains Politiques : M. Colbert & tous ceux qui sont venus après lui ont radoté, nous disent nos Spéculateurs de Commerce, qui calculent avant que de connoître, & qui croient qu'il est aussi aisé de réformer que de détruire.

Encore fi tous les nouveaux fyſtêmes pouvoient fe prendre à l'eſſai ; fi l'on étoit le maître d'en faire l'épreuve fur un Corps politique qui nous fût étranger, nous ſerions un peu plus diſpoſés à l'in-dulgence. Mais le malheur eſt que l'Etat eſt ici le malade fur lequel l'empyrique veut travailler. Si notre machine ſe gâte par les nouveaux reſſorts que l'on veut y introduire, nous ſera-t-il fort aiſé de la remettre enſuite dans ſa première ſitua-tion ? C'eſt de quoi s'embarraſſent peu les gens à nouveaux projets.

Revenons à notre objet : nous ſommes perſuadés & nous nous flattons de prou-ver, que l'on a eu raiſon de défendre en France la fabrique & l'uſage des Toiles Peintes. Nous ſommes convaincus qu'en permettant l'un & l'autre, on appauvrira notre Commerce , & que l'on enrichira les étrangers à nos dépens : voilà notre propoſition.

Nous ſuivrons, pour la prouver, la méthode que nous nous fommes prefcrite pour l'examiner. Nous demandons la permiffion de remonter aux premiers principes de la matière : nous tâcherons d'abord de donner une idée jufte de cette liberté néceffaire au Commerce ; liberté qui, conciliable avec la Règle, exclut également & la licence & la fervitude. Nous aurons occafion de développer les premières Règles qui doivent fervir de bafe à toutes les autres : elles font rela-tives à l'intérêt général de la nation commerçante, & il nous fera aifé de faire connoître quel eft cet intérêt. C'eft après avoir pofé ces premières maximes, que nous entrerons dans le détail de la réfutation que nous nous propofons ; il s'agit moins ici de combattre un adverfaire que de faire triompher des Règlemens auffi utiles qu'anciens : ce feroit peu d'attaquer des erreurs : Il faut expofer, il faut mettre dans tout leur jour les vérités qu'elles voudroient obfcurcir.

****

CHAPITRE I.

Avantages & abus de la liberté dans le Commerce. Nécessité des Règles.

LEs hommes dispersés dans tout l'univers, mais ne composant tous ensemble qu'une même famille, ont dû tirer leur subsistance de la terre que Dieu leur a commandé de cultiver.

Les productions de la terre sont donc un fond destiné à leurs besoins : mais ces productions varient suivant les climats ; & le besoin étant presque partout le même, les ressources ont été partagées par une juste économie de la Providence, qui a voulu entretenir la Société, par la réciprocité des secours fondée sur des besoins mutuels.

C'est donc cette réciprocité qui conf-
titue l'essence du Commerce : sa matière
première n'est autre chose que cette foule
de productions de toute espèce, que la
culture arrache du sein de la terre.

Ainsi le premier genre de Commerce a
été l'échange des fruits. Le superflu de
l'un est devenu le nécessaire de l'autre,
& par cette espèce de balance que l'é-
change a produite entre les besoins & les
ressources, tous les hommes ont eu le
nécessaire étroit. Tel a dû être le premier état du Commerce dans l'origine
des Sociétés. La main-d'œuvre étoit alors
très-peu de chose ; elle se bornoit à la
culture & à la préparation indispensable
des denrées.

Tant qu'a duré ce Commerce, il n'a
pû être qu'excessivement borné ; il se
faisoit en effet, non à raison du superflu
que pouvoient acquérir le travail & l'industrie, mais à raison du simple besoin
qui devoit être rempli.

L'argent devenu valeur repréfenta-
tive de tout , remédia bien tôt à
cet inconvénient : le Commerce fe fit
en raifon du fuperflu , & les hommes
furent intéreffés à multiplier les productions de la terre , parce qu'une feule ,
en quelque quantité qu'ils la recueillif-
fent , pouvoit leur produire le figne re-
préfentatif de toutes les autres , & l'affu-
rance certaine de jouir de celles-ci quand
ils le voudroient.

Jufques-là le Commerce étoit encore
dans une efpèce d'enfance ; l'induftrie
acheva de le porter à fa perfection. La
jouiffance du néceffaire laiffoit aux hommes le défir des commodités. Les premiers befoins de la nature une fois remplis , firent place à une infinité d'autres
befoins , qui nâquirent de la réflexion ,
& qui fe multiplièrent avec les connoif-
fances.

Bientôt l'homme fçut augmenter le
prix des préfens de la nature , & la main

d'œuvre forma une feconde valeur, moins néceffaire certainement, mais fouvent infiniment plus précieufe que la première.

De-là il fuivoit que les hommes les plus riches, étoient ceux qui poffédoient le plus des matières premières du Commerce, & qui par un travail plus grand ou plus induftrieux, pouvoient porter le plus haut cette feconde valeur, que la main d'œuvre acquiert aux productions de la terre.

Ces productions, en effet, font fujettes à trois efpèces de préparations. 1°. Préparation de culture qui ne tend qu'à les tirer de la terre. 2°. Préparation de néceffité, qui tend à en faciliter l'ufage premier & principal, auquel la nature les a deftinés. Ainfi on bat le bled, on moûd le grain, on exprime le vin des raifins. 3°. Préparation de luxe, qui tend à leur donner une valeur de pur agrément.

De ces trois préparations naiffent trois valeurs dans le Commerce ; la première

&

& la seconde ne sont pas sujettes à beaucoup de variations : elles sont proportionnées au besoin naturel, qui est à peu
près toujours le même. Elles ne varient
qu'eu égard au nombre des cultivateurs,
& à la rareté ou à l'abondance des matières premières.

La dernière valeur est plus variable ;
elle est proportionnée à un genre de besoin qui suppose tous les autres remplis.
Elle change suivant que les Sociétés sont
ou plus riches, ou plus puissantes, ou
plus magnifiques. Elle suppose les Etats
dans une situation heureuse & florissante ;
elle baisse à mesure que les peuples de-
viennent misérables.

C'est cependant cette valeur qui dans
l'état actuel des différentes Sociétés de
l'Univers, fait le principal fonds du Commerce & des richesses de l'Europe ; il est
donc très-important de la connoître : il
s'agit de l'augmenter, s'il est possible,
& d'en faciliter le débit & la consommation.

B

Les matières du premier befoin ont un prix proportionné à leur rareté. Le bled n'eft cher que lorfque les moiffons font ftériles ; mais que le bled foit cher, ou qu'il foit à bon marché, le débit en eft toujours néceffaire.

Les matières de luxe peuvent être communes, & n'avoir aucun débit : alors le travail fe décourage, l'induftrie diminue ; & comme cette induftrie eft excitée par l'émulation, & non par la néceffité, par le defir de gagner, & non par le befoin abfolu ; fi elle fe refroidit une fois, il eft difficile de la réveiller.

De-là il fuit que fi le Gouvernement doit laiffer aller de lui-même le Commerce des matières du premier befoin ; il ne peut fuivre la même méthode relativement au Commerce des matières de luxe. Une Loi qui fupprimeroit tous les Règlemens qui ont jufqu'ici entretenu nos Manufactures, feroit auffi dangereufe dans fon efpèce, qu'une Loi qui gêneroit le Commerce des grains, & qui accorderoit un privilége exclusif à des Compagnies de marchands de bled.

Ainsi, pour examiner avec précision les abus & les avantages de la liberté dans le Commerce, il faut commencer par distinguer ses différens objets ; & c'est peut-être faute d'avoir fait cette distinction, que les auteurs des nouveaux systêmes de liberté ont formé des plans destructifs du Commerce, qu'ils ont voulu rétablir.

Le Commerce est dans l'Etat un tout dont chaque partie se prête un secours mutuel ; mais chaque partie a son ressort particulier, quoique tous soient remués par un seul moteur, l'intérêt. Un Gouvernement sage embrasse tout, & ne confond rien ; chaque partie attire son attention, & cette attention n'est point affoiblie par la nécessité de se partager.

Les matières de premier besoin, leur culture, leur préparation, tiennent le

premier rang dans l'ordre de nos néceſſi-
tés. Le miniſtère doit s'en occuper d'a-
bord, mais elles ne demandent de lui ni
de profondes méditations, ni des calculs
bien difficiles. Si la Providence n'a pas
voulu que nous obtenions ſans travail,
les choſes abſolument néceſſaires à notre
vie, au moins ne nous a-t-elle preſcrit
pour cela qu'un travail ſimple & facile.
Que le cultivateur ſoit encouragé, qu'il
y ait des récompenſes pour ceux qui
mettront en valeur les fonds inutiles,
que le laboureur ne ſoit point accablé par
les impôts & les corvées, qu'on lui facilite le débit des fruits qu'il recueille, ſon
commerce ira ſeul, ſa marche ſûre & rapide entretiendra l'abondance.

A l'égard des matières de luxe, leur
Commerce qui n'eſt que le ſecond dans
l'ordre de nos beſoins, eſt peut-être celui
qui exige le plus de connoiſſances, de
ſoins & de combinaiſons : leur valeur
ſuppoſe la main d'œuvre, & celle-ci ne

peut être utilement employée, que l'on n'ait commencé par l'apprécier, par calculer jusqu'à quel point elle augmentera le prix des productions, ce que cette main d'œuvre exigera de dépense, combien elle occupera d'hommes, le débit qu'elle procurera aux matières qu'elle emploie; en un mot l'utilité ou le préjudice qu'elle peut apporter à la consommation de celles du premier besoin. Ces connoissances, ces opérations de l'esprit, supposent une surveillance continuelle., exigent des règles & un soin perpétuel pour les appliquer.

Quelques distincts & séparés que soient ces deux Commerces, se nuiront-ils l'un à l'autre? Peuvent-ils être également favorisés & encouragés? Question importante, & dont la solution doit répondre à plusieurs objections que l'on forme contre nos Manufactures.

L'Etat qui fait le plus grand Commerce, a-t-on dit, rend peu à peu les

autres dépendans de lui, par la raison
que celui qui reçoit, dépend nécessairement de celui qui donne : or cette dépen-
dance est proportionnée à la valeur & à
la nécessité des choses qu'il en reçoit.
L'Etat qui tire ses bleds d'un autre Etat,
en dépend davantage que celui qui n'en
tire que des bijoux. Donc, c'est principalement les matières du premier besoin,
& particulièrement les bleds dont il faut
favoriser la culture, & faciliter l'exportation.

Il n'y a rien que de vrai dans ce raisonnement ; mais on en abuse, si l'on en
conclut, ou que nos Manufactures nuisent à l'agriculture, ou qu'il faille pour
encourager celle-ci, négliger celles-là.

Tout ce qui augmente la population
d'un Etat, favorise l'agriculture en la
rendant nécessaire, & en lui fournissant
des bras. Que l'on considére celles de nos
Provinces où les Manufactures sont le
plus en honneur, ce sont celles qui cer-

tainement font les plus peuplées : tout
ce que l'Etat auroit de fujets inutiles y
eft employé à fon profit. Les femmes, les
enfans, les vieillards, les eftropiés & les
infirmes, y ont tous un genre de travail
proportionné à leurs forces. L'argent que
le Commerce y attire, en bannit l'indigence; le moindre citoyen fe marie, parce
que fixé par le travail, il a befoin des
douceurs de la Société. L'étranger même
y accourt : il s'y établit, il tranfplante
fa famille par-tout où il a la certitude de
la faire vivre avec quelque aifance. Là
le cultivateur des fonds n'a pas befoin
d'être encouragé ; fûr de trouver le débit
des fruits de la terre, il ne craint plus de
les acheter par fes fueurs : le nombre de
fes enfans eft fa richeffe : les garçons
partagent fon travail, les filles en trouvent un qui leur eft propre dans les Manufactures ; celui de fes enfans qui craint
les fatigues de la charrue, n'eft plus tenté
de venir à Paris goûter, fous un habit

B iv

de livrée, les stériles douceurs de l'oisi-
veté & du libertinage. Il trouve à s'occuper utilement, sans s'exposer à l'ardeur
du soleil : tout vit, tout s'encourage,
tout reçoit le prix de ses travaux : le
moindre petit coin de terre est mis en
valeur, parce qu'il faut que tout le monde
se loge, & que leur multitude les oblige
de profiter de tout.

Il y a plus, cette multitude d'habitans,
& leur richesse reflue dans les autres Provinces : pourquoi seroient-ils venir des
Pays étrangers des matières que leur patrie peut leur fournir à moins de frais?
Leur travail facilite donc la consommation des fruits qui naissent dans les autres Provinces, & y fait passer de l'argent qui y entretient l'aisance, encourage le cultivateur & favorise encore
la population.

Si au contraire vous n'avez que des
Laboureurs, quel si grand intérêt auront-
ils à cultiver beaucoup ? L'abondance

des grains en diminue le prix , & le cultivateur en travaillant deux fois moins ,
& en vendant deux fois plus cher , se trouvera encore avoir épargné sa peine. Il
faudra donc alors avoir recours à l'étranger , commerce nécessaire , mais qui exige
beaucoup plus d'intelligence , & de ressources , que n'en ont le commun des Laboureurs : or en supposant que vous trou-
viez toujours chez nos voisins le débit
de vos bleds ; il faudra ou négliger la
culture d'une infinité de productions que
vos manufactures employeroient , ou les
leur vendre , pour ensuite les racheter
d'eux-même , lorsqu'ils les auront façon-
nées ; peu-à-peu l'argent d'un Etat s'é-
puise , le Commerce languit & s'éteint ,
l'indigence produit le découragement , la
population diminue.

Il est donc certain que le grand nombre de nos manufactures , loin de faire le
moindre tort à l'agriculture , en facilite
au contraire les progrès ; tout l'art d'un

Gouvernement sage consiste à encourager, à favoriser, à entretenir, & augmenter même l'un & l'autre genre de
Commerce, & à acquérir par-là sur
l'Etranger cette supériorité que donne la
richesse qui distribue, sur le besoin qui
lui demande.

La première richesse d'un Etat est,
comme je l'ai dit plus haut, la multipli-
cité & l'abondance de ses productions.

Mais s'il les livre à l'Etranger telles
qu'elles sortent de la terre, il est obligé
d'acheter de lui des matières ouvrées &
travaillées par l'industrie ; ainsi le fond
du Commerce est une espèce d'échange.
Mais l'Etat qui n'a point de manufactures
donne une soute en argent, & cette soute
est le prix de la main d'œuvre de la
nation active & industrieuse.

Si c'est nous qui faisons ce travail,
ou du moins si nous en faisons plus,
ou si nous y réussissons mieux que
l'Etranger, c'est à nous que la soute

est payée, & nous nous enrichis-
sons ; car nous avons outre la multitude
de nos Marchandises, l'argent qui est le
prix général de toutes les ressources qu'un
Etat peut se procurer.

Donc ce n'est pas seulement en fournissant à nos voisins les matières de première nécessité, & en achetant d'eux les
choses de luxe que nous acquererons la
supériorité sur nos rivaux : il est sûr
qu'en tems de guerre nous pourrions,
absolument parlant, nous passer d'eux, en
nous réduisant au simple nécessaire ; mais
aussi à la veille d'une guerre, nous nous
trouverons sans argent, & avec notre
simple nécessaire, nous vivrons, mais
nous serons pauvres & foibles ; car il est
démontré qu'en fournissant des grains aux
Etrangers, & achetant d'eux notre luxe
& nos aisances, comme la valeur qui
naît de la main-d'œuvre, surpasse toujours
dans le Commerce de luxe le prix intrin-
sèque des productions de la terre, ce sera

nous qui, pendant une longue paix, aurons payé annuellement les soutes de l'é-
change.

D'ailleurs, quiconque voudra rendre
un Etat puissant & florissant, envisagera
non le tems de guerre, qui est un in-
tervalle de peines, pendant lequel aucun
Etat ne s'enrichit, mais le tems de paix
où les Etats sont dans leur assiette na-
turelle, & qui doit préparer les ressources
nécessaires à leur défense.

Les Anglois, nos voisins, n'ont que
trop suivi cette maxime; que l'on compare leurs productions avec les nôtres,
ou pour rendre encore le parallèle plus
frappant, qu'on les compare avec les
fruits que l'Espagne peut tirer soit de
son propre fond, soit de celui de ses Colonies. Pourquoi l'Angleterre qui n'a
point de mines est-elle aujourd'hui plus
riche que l'Espagne ? Pourquoi fournit-
elle tant de subsides à ses Alliez ? est-
elle en état d'entretenir tant de Flotes,

de les armer, & de les équipper ? pourquoi est-elle si peuplée? C'est que sa main-
d'œuvre a multiplié à l'infini la valeur
de ses productions ; au lieu que l'Espagne
a presque toujours livré les siennes toutes
brutes à l'industrie de ses voisins : c'est
donc l'Espagne qui a payé les retours de
l'échange. Les mines du Peroun'ont servi
qu'à cet usage, & l'Espagne est demeurée
pauvre. Elle a voulu elle-même depuis
quelques années travailler ses propres
soies; elle en a défendu l'exportation; c'est
un essai qu'elle vient de faire de ses ressources: si elle l'eût fait, il y a long-tems, si elle
eut mis son terrein en valeur, & multiplié
par des manufactures le prix de ses productions, elle seroit aujourd'hui plus riche & plus puissante que l'Angleterre.

Que conclure de tout ce que l'on vient
de dire? L'agriculture est la vie de l'Etat; la
main d'œuvre en est la santé; le Commerce de luxe en est l'embonpoint & la force.

La force & la santé supposent la vie,

mais la vie ne suppose pas la santé.

Le dérangement de la santé, menace la vie ; la négligence qui feroit tomber nos Manufactures, en diminuant la population, & rendant le débit & la consommation plus difficiles, feroit insensiblement tomber l'agriculture, loin de l'encourager.

Enfin la conservation de la santé exige un régime certain ; de même aussi le Commerce de la main-d'œuvre est assujetti à des règles. Parlons sans métaphore, & développons cette idée.

Tous les hommes sont portés à s'enrichir, & se proposent ce but dans le Commerce qu'ils font. Le Commerce intérieur d'un Etat, en y faisant circuler l'argent, qui, dans des tems d'inaction, est oisif & inutile, procure à tous les Sujets une certaine aisance, & entretient entr'eux la confiance ; mais ce Commerce par lui-même n'enrichit point un Etat, relativement à ses voisins : l'argent change de place & circule , mais n'augmente point.

C'est donc le Commerce étranger qui nous donne la véritable supériorité sur nos voisins : c'est en leur vendant notre travail & notre industrie que nous attirons chez nous leurs richesses. Nous leur donnons une valeur que nous créons nous-même ; ils nous rendent celles que nous ne pouvons former , & qui est le gage de toutes les autres.

Pour engager l'Etranger à venir enlever nos productions travaillées & perfectionnées dans nos Manufactures , il faut trois choses, 1°. supériorité d'industrie dans nos Ouvriers ; 2°. fidélité exacte dans nos Commerçans ; 3°. facilité constante & uniforme de livrer à l'Etranger , & à-peu-près au même prix , tout ce qu'il est accoutumé à nous demander. Par-là , nous piquons sa curiosité , nous méritons sa confiance , nous assurons les gains de ses Négocians , sans lefquels nous ne pourrions jamais faire les nôtres.

Dans le Commerce avec l'Etranger, l'Etat doit être regardé comme un feul homme, dont la marche doit être toujours la même, & dont la conduite ne doit jamais fe démentir.

De-là, la néceffité des Communautés de Commerce, de là l'uniformité des règles pour nos différentes manufactures.

Qu'on laiffe à tout le monde indifféremment la liberté la plus indéfinie de fabriquer, de vendre, & de débiter ; qu'arrivera-t-il ? L'induftrie ceffera de fe fignaler par ces efforts honorables, qui exigent la réunion d'une multitude de forces ; comment l'intérêt commun formeroit-il des Compagnies de Commerce, lorfque ne pouvant compter fur aucune protection ftable, elles feroient toujours dans la crainte d'être décréditées par la témérité des Particuliers ? incertaines du débit, comment oferont-elles

elles rifquer ces avances, dont la mife eft toujours ruineufe, fi le produit n'en eft pas immenfe? L'émulation peut augmenter l'ardeur entre plufieurs établiffemens qui fe connoiffent, qui s'obfervent, & qui travaillent mutuellement à fe furpaffer: elle ceffe lorfqu'une concurrence générale fans choix & fans règles, décourage la noble ambition du Commerçant, ou ne lui permet plus de combiner fes rifques, avec fes efpérances.

Suppofons même qu'un certain nombre de Commerçans plus hardis, fe foient réunis pour former une Compagnie, le moyen qu'elle puiffe fe foutenir fans des règles fixes & certaines, & le moyen que ces règles foient long-tems refpectées, fi elles dépendent du caprice de la multitude, fi la fantaifie les rend arbitraires, fi l'indocilité peut s'y fouftraire, en un mot fi le Gouvernement ne les dicte lui-même, & ne convertit en loix publiques les fages conventions des plus habiles Négocians.　　　　C

Ajoutez à ce premier inconvénient de
la licence dans le Commerce, l'impossibilité où elle nous mettroit de satisfaire
la curiosité, de piquer le goût, & de
mériter la confiance des étrangers. Qui
leur répondra de la bonté des ouvrages
que nous leur offrirons ? Combien d'ar-
tisans & d'ouvriers dont la capacité ne
sera annoncée que par leur confiance té-
méraire ? Combien d'autres dont l'ava-
rice appellera à son secours l'infidélité &
la mauvaise foi, & qui après s'être enri-
chis aux dépens de l'étranger qu'ils auront une fois trompé, s'embarrasseront
peu de voir les marchandises de France
décréditées, & les plus honnêtes Négocians de leur patrie devenus suspects à
nos voisins ? Dans la multitude infinie
des étoffes de la même espèce, comment distinguera-t-on celles dont la
beauté n'est qu'extérieure & peu dura-
bles, & celles dans lesquelles l'attention
scrupuleuse de la main-d'œuvre, égale la

bonté intrinséque de la matière (*a*) ?
Lorsque l'Etat protége & soutient par
des régles fixes, un certain nombre de
Manufactures, il est lui-même en quelque
façon leur garant vis-à-vis de l'étranger ;
on connoît dans toute l'Europe l'attention qu'a le Gouvernement pour s'assu-
rer de la capacité des ouvriers : on est
sûr qu'une Manufacture sur laquelle il
a perpétuellement les yeux, n'employera
que des matières d'une bonté éprouvée.
On sçait que les mesures seront dans tout
tems les mêmes, que les prix ne seront
point sujets à des variations arbitraires,
puisqu'ils seront le résultat d'un travail
à peu près uniforme, combiné avec la
quantité des matières, dont une sage ad-

(*a*) On a pensé décréditer la fabrique de
Lyon, en permettant d'employer du faux dans
les étoffes. Qu'est-il arrivé, en effet ? L'infidélité a eu des moyens de tromper : Le public
s'est allarmé ; Les Etrangers ont commencé à
se défier.

miniſtration ſçait prévenir la diſette. La
confiance de l'étranger, fruit naturel de
ces connoiſſances, s'affermit par l'expérience qu'il fait chaque année de l'uniformité de notre conduite. Il s'accou-
tume à venir chez nous ; ſûr d'y trouver tout ce qui lui manque, de l'y trouver à juſte prix, & de l'y trouver meilleur que par-tout ailleurs. Les Compagnies qui ſont à la tête de nos
Manufactures, certaines de leur débit, ne
plaignent plus leurs ſoins, & n'épargnent
ni travail ni argent ; la main-d'œuvre
eſt excitée par la confiance, & on s'ap-
perçoit que les règles, loin d'enchaîner
le Commerce, entretiennent au contraire
ſon activité, augmentent ſes fonds, &
groſſiſſent par-là la ſomme des retours
que nous recevons de l'étranger pour
notre induſtrie.

Les premiers Légiſlateurs du Commerce en France, ont été pénétrés de la
vérité de ces principes ; une heureuſe

expérience a confirmé ce qu'ils n'avoient appris que par la raison. Les progrès de nos Manufactures ne font dûs qu'à l'attention continuelle, que le Ministère a toujours eue de les affujettir à des règles certaines ; c'est la licence qui les a fait dégénerer : c'est l'observation exacte des réglemens qui peut leur rendre leur ancienne activité.

Que la Manufacture de Lyon nous ferve ici d'exemple. Elle a toujours été la plus floriffante de celles qui ont rendu notre induftrie précieufe aux étrangers : remontons à la véritable caufe de fes progrès.

Il n'eft pas douteux qu'elle ne doive à la liberté, l'établiffement de fes Fabriques de foieries. Deux Genois (*a*) en jettèrent les premiers fondemens ; elle s'accrut à l'ombre de cette liberté, qui dans ces premiers tems, donnoit accès à

(*a*) Etienne Turquet & Barthelmy Narris en 1536.

C iij

rous les ouvriers étrangers : ils nous étoient alors nécessaires pour nous instruire dans l'art de fabriquer. Leurs élèves se multiplièrent, & ces heureux commencemens devinrent bientôt un objet digne de l'attention du Souverain. On sentit que pour fixer cette Manufacture naissante, pour lui donner une forme plus utile, pour encourager son travail, & pour hâter ses succès, il falloit lui prescrire des régles, dont l'unique but étoit de parvenir plus sûrement à la perfection de l'étoffe, de mettre la fidélité de l'ouvrier à l'abri des soupçons, & d'établir la confiance du consommateur.

On ne peut trop observer ici que cette liberté même, qui avant l'établissement des réglemens, encouragea l'enfance des Manufactures, ne fut point cette licence qui dissipe & qui néglige tout. C'étoit une sage politique, qui ouvroit aux étrangers industrieux l'accès d'une ville avan-

tageusement située : c'étoit une adminis-
tration prudente, qui versoit sur eux
les bienfaits du Souverain, qui encou-
rageoit le travailleur par des largesses,
l'Entrepreneur par des marques d'honneur & de distinction, l'Artiste célèbre
par des pensions : des promesses faites à
propos & toujours exactement rem-
plies, l'éloge prodigué aux talens, tout
étoit mis en œuvre par le Législateur,
qui croyoit d'abord devoir laisser développer le germe de tous les Arts, avant
que de le diriger par la culture à l'avantage général de l'Etat. Le laborieux
Etranger mêlé avec le François actif
& industrieux, ne forma plus avec lui
qu'un même peuple. Les mariages se
multiplièrent, & la ville de Lyon se
trouva bien-tôt renfermer dans son sein
un peuple d'ouvriers.

Ce fût alors que le Gouvernement
crût devoir former un corps de Loix
utiles, pour la direction d'un Commerce

qui alloit produire une partie des richeſſes de l'Etat. Ainſi un jeune plan qui ſort de la terre ne demande d'autres ſoins que ceux qui font pouſſer la ſéve & croître les arbuſtes. S'eſt-il élevé au point de couvrir de ſon ombrage le cultivateur? Alors une main ſage élague les branches inutiles, perce des routes, forme des berceaux ; & la nature, après avoir long-tems agi ſeule, n'en devient que plus riche & plus abondante, lorſque la Règle & l'Art viennent à ſon ſecours.

Ainſi, pour rendre la liberté plus utile, on chercha à bannir la licence, on écarta l'arbitraire, & l'on introduiſit la Règle. On partagea en différentes Communautés les Arts qui devoient concourir à la perfection du même ouvrage. On établit les Maîtriſes, on règla les tems d'épreuves pour les apprentifs ; on détermina les différens dégrés par leſquels ils devoient paſſer pour mériter la confiance du public. On ſentit que ſi l'invention eſt

produite par la méditation, par les com-
binaisons, souvent par le hazard, il en
est tout autrement de la perfection d'un
Art connu, qui a ses principes & ses
Règles ; les réflexions, le raisonnement,
& l'expérience les développèrent ; le
Législateur crut devoir les prescrire pour
former plus sûrement des imitateurs.

L'expérience nous apprend que c'est
à l'exacte observation de ces Règlemens
qui se sont succèdés les uns aux autres,
que nous devons le progrès de la Fabrique des étoffes. Ils sont même devenus
bien plus sensibles depuis les Règlemens
de 1667. C'est à cette époque que la
Manufacture de Lyon prit une forme
constante, que la Loi commença à guider
toutes ses opérations, & qu'elle contri-
bua à lui acquérir les lumières & les
avantages dont elle jouit aujourd'hui. Les
autres Manufactures du Royaume, guidées
par les mêmes loix, prospérèrent également.

Pour acquérir la confiance de l'étranger, les Législateurs ne crurent pas devoir négliger les plus petits détails; il n'y a rien de petit aux yeux de la Loi, parce que sa surveillance s'étend à tout. On porta l'attention jusqu'à fixer les largeurs des étoffes; il fallut déterminer la nature des matières qui y entreroient, prévenir l'altération des bouts de soyes dans les chaînes, dont on pouvoit se servir pour tromper le consommateur, régler le nombre des portées qui y entrent: par là l'acheteur étranger, aussi bien que le régnicole, s'accoutuma à compter plus encore sur le Gouvernement qui écartoit les fraudes, que sur la probité du Marchand qui se laisse quelquefois séduire par l'attrait du gain. Les pièces d'étoffes sortant de nos Manufactures, furent connues & distinguées dans tous les pays de l'univers. La prodigieuse quantité du débit augmenta le nombre des ouvriers;

& nos Fabriques s'accréditèrent telle-
ment chez l'étranger, qu'elles devinrent
un fond inépuisable de richesses pour la
France, & y attirèrent l'or & l'argent
de toutes les parties du monde.

Tant il est vrai, on ne peut trop le
répéter, que la Règle qui paroît gêner
la liberté est au contraire destinée à en
écarter l'arbitraire qui la dégrade, & à
procurer à l'homme l'usage le plus légitime & le plus facile de toutes ses facultés.

Ces progrès qui ont enrichi la Manufacture de Lyon se démontrent par des
calculs avérés. En 1685, époque fatale
à nos Manufactures, moins par la pri-
vation des ouvriers qui sortirent du
Royaume, que par les établissemens
qu'ils allèrent former en Angletere &
en Hollande, on comptoit à Lyon 2000
métiers qui occupoient 10000 personnes.
Cependant l'observation exacte des Règles contrebalança si bien le funeste effet
des émigrations, que, malgré la concur-

rence qui se formoit entre nous & l'é-
tranger, le nombre de nos ouvriers s'ac-
crût considérablement, & la Manufacture
augmenta au point, que par un Etat
dreffé en 1739, il y avoit à Lyon sept
mille cinq cens métiers & quarante-huit
mille cinq cens personnes qui y étoient
employées. Enfin, par le dernier dé-
nombrement qui s'est fait, on a trouvé à
Lyon 10000. métiers & 60000. ouvriers.

Il faut avouer que depuis plusieurs
années ce nombre est considérablement
diminué : le Commerce a souffert une
altération, un dépérissement rapide, non-
seulement à Lyon, mais dans toutes les
parties du Royaume. Les preuves de
cette triste vérité ont été mises sous les
yeux du Conseil : & ce que l'on ne peut
trop faire observer, c'est que ce dépérissement a commencé avec l'inattention,
qui, sous prétexte d'encourager la liberté
& de favoriser toute sorte d'industrie,
a toléré l'infraction des Règles & a favo-
risé le relâchement.

La raison & l'expérience se réunissent
donc ici pour nous prouver, que notre
industrie & notre Commerce ont dû leurs
progrès à l'établissement & à l'observation des Loix ; mais ni la raison ni l'expérience ne nous apprennent que ces
progrès fussent encore plus rapides si
les Règles étoient abolies.

Or , parmi ces Loix, une de celles
qui ont été le plus souvent renouvellées ,
a été la prohibition du Port & de la Fabrique des Toiles Peintes.

Quels ont été les motifs de la Loi ?

1°. Le danger de la contrebande inévitable , dès que le port des Toiles Peintes sera permis en France.

2°. La nécessité d'acquérir à notre main-
d'œuvre la supériorité sur celle des
étrangers.

3°. L'avantage d'une plus abondante
exportation.

4°. Celui d'une consommation intérieure beaucoup plus considérable.

Si ces motifs ont déterminé le Législateur dès la naissance de nos Manufactures, & dans un tems où il étoit, pour ainsi dire, le maître de son choix, dans un tems où il pouvoit admettre ou exclure à son gré l'industrie qui lui paroissoit plus ou moins profitable à l'Etat ; aujourd'hui que nous avons en notre faveur l'expérience qu'il n'avoit point encore, devons-nous créer un nouveau systême qui dérange le plan qui lui a paru le meilleur ?

Telle est la question que nous allons traiter dans le reste de cet ouvrage.

Il est évident que l'expérience nous ayant fait sentir les avantages de l'observation des Loix prohibitives : il faut, pour engager le ministère à les supprimer, lui faire voir bien clairement, ou que les motifs sur lesquels on s'est fondé étoient faux ou qu'ils ont changé depuis.

Or, nous nous flatons de démontrer,

1°. que ni l'un ni l'autre n'est prouvé. par les Partisans des Toiles Peintes. 2°. que la situation dans laquelle la France se trouve, relativement à ses voisins, rend les motifs de la prohibition encore plus frappans aujourd'hui qu'ils ne l'étoient peut-être en 1686, époque du premier Règlement.

Il est tems d'attaquer l'Adversaire; auquel nous avons promis de répondre.

CHAPITRE II.

Véritable état de la question. C'est le seul intérêt du Royaume, & non celui des Commerçans, que l'on doit ici envisager. Plan que l'on doit suivre, pour décider quel est le véritable intérêt de l'Etat.

L'Ouvrage que nous nous proposons de réfuter eût été beaucoup plus court, si l'Auteur eût pû offrir à la pénétration du Législateur & au jugement du Public deux ou trois raisons frappantes & décisives : il se noye dans une abondance de petites considérations qui ne vont point au but ; & il croit suppléer par le nombre des observations ce qui manque à la solidité de ses preuves.

Il y a cependant du vrai dans son ouvrage ;

ouvrage ; car le moyen d'être faux d'un bout à l'autre, & d'aspirer à la gloire d'être lû ! Nous commencerons par rendre justice à quelques principes que nous y avons trouvés : non-seulement nous les adopterons avec l'Auteur, nous en ferons même la base de la défense que nos Fabriquans sont en droit de lui opposer.

Il est bien certain, que c'est l'intérêt du Commerce, & non celui des Commerçans, qui doit décider cette grande question.

Il est également vrai que l'Etat n'est à proprement parler, ni Marchand de velours, ni Marchand de cotonades. Il tient magasin de tout ce qui peut lui procurer des richesses, de tout ce qui peut lui valoir des retours considérables.

De-là il suit, que si l'établissement des Fabriques de Toiles Peintes doit rendre à l'Etat plus que l'affoiblissement de ses

D

autres Manufactures ne lui fera perdre;
la somme totale des retours augmentant par l'exécution du nouveau projet,
il n'y a point à délibérer. On doit pré-
férer l'intérêt de l'Etat à celui des Manufactures déja établies.

Si au moins il est démontré que le
gain que nous ferons avec l'Etranger,
après l'établissement de nos Fabriques de
Toiles Peintes, doit être égal à celui que
nous faisions auparavant, nul inconvénient dans le projet de cet établissement.
La liberté est un droit naturel; elle ne
peut être restrainte que lorsque l'intérêt
général y oblige.

Il n'est donc pas vrai que les Députés
qui représentent toutes les manufactures
du Royaume, confondent ici leur intérêt particulier avec celui de la Nation :
C'est au nom de l'Etat, c'est en faisant
valoir ses avantages les plus réels & les
plus solides, qu'ils reclament l'exécution
des anciens Réglemens. Ils consentent

d'être sacrifiés, si on leur prouve que l'é-
tablissement des Toiles Peintes en France
doit produire au Commerce général du
Royaume un profit supérieur à celui, que
ses autres Manufactures lui ont produit
jusqu'ici.

C'est donc sans beaucoup de fonde-
ment que l'Auteur des Réfléxions s'annonce comme le défenseur des Citoyens (*a*) contre l'*avidité* des Commerçans. Les véritables Citoyens, & les
Députés de nos Villes de Commerce,
partent ici du même principe ; & nous
ferons voir bientôt, qu'ils en tirent les
mêmes conséquences.

Mais ce zélé défenseur de la République, qui les accuse de confondre l'a-
vantage du Commerce avec l'intérêt
des Commerçans, ne confond-il point
lui-même le goût de la multitude avec
le bien général du peuple ? Ces deux

____

(*a*) Voyez le Chapitre servant d'introduction.

D ij

idées sont-elles si parfaitement liées ensemble qu'elles ne puissent se séparer ?
A entendre notre Auteur, le Bourgeois,
l'Artisan, l'Habitant de la campagne demandent des Toiles peintes (*a*) : *Ce Peuple n'a point de Députés qui puissent ac-
courir à grands frais du fond de nos Provinces & défendre ses intérêts.* Les Marchands au contraire forment des Corps
de Communautés , réunissent leurs efforts, distribuent des Mémoires, folli-
citent les Ministres ; il faut bien que
quelqu'un ait la générosité d'embrasser
la défense de tant de Citoyens qui se
taisent. On ne blâme point l'Auteur des
Réfléxions de s'être chargé de cette ho-
norable fonction ; mais qu'il nous per-
mette de lui faire observer , que l'inter-
prête des désirs du Peuple n'est peut-
être pas toujours le plus sûr apprécia-
teur de son intérêt. Il ne s'agit pas ici

____

(a) p. 2, & p. 5.

de prouver, que nos Dames, nos Arti-
fans, les Habitans de nos campagnes,
font des vœux pour qu'il leur foit permis de porter des Toiles Peintes. Il faut
démontrer qu'il eft utile au Commerce
de l'Etat de leur en accorder. Les Légiflateurs qui ont renouvellé tant de fois
la prohibition des Indiennes, connoif-
foient le goût du Peuple, & c'eft pour
cela qu'ils fe croyoient obligés de les
défendre avec tant de févérité. Ils étoient
donc perfuadés, que les vœux de la multitude n'ont pas toujours pour objet ce
qui eft le plus utile à la Société.

Ne peut-il pas même arriver que l'intérêt momentané du Particulier, fe trouve
en contradiction avec le bien général du
Royaume inféparable du véritable avantage des Citoyens ? Notre Adverfaire en
pourroit-il difconvenir, lui qui foutient
que dans la conteftation préfente l'intérêt du Marchand eft oppofé à celui de
la Nation ?

D iij

Le Conseil ne doit donc point considérer ici ni ce que le Marchand, ni ce
que le simple Particulier peuvent sou-
haitter, le premier pour son intérêt, le
second pour *sa commodité*. C'est l'Etat,
c'est le Commerce en général qu'il faut
envisager.

Mais si, dans la question que nous examinons, l'intérêt du Commerçant se trouve joint à celui du Commerce. Si les
mêmes établissemens qui diminueront
considérablement la somme totale de nos
exportations, annéantissent en même-
tems la fortune de tous les Fabriquans,
& réduisent à la mendicité une foule in-
nombrable de familles, dont les talens &
l'industrie ont jusqu'ici servi la Patrie ;
pourquoi par une ironie (*a*) aussi amère
que déplacée, veut-on rendre ridicules
les plaintes de ces Commerçans ? Elles
ne le seroient pas, quand elles n'auroient

______

(*a*) 6. 13.

pour objet que de déplorer leur misère : que fera-ce si l'on prouve que dans l'Etat actuel du Commerce , sa ruine seroit inséparable de celle du *Négociant* ? C'est donc à cet unique point qu'il faut réduire la question.

Nous venons presque , sans y penser , de réduire à sa juste valeur , le premier Chapitre de l'Ouvrage que nous réfutons. Ce Chapitre eût dû naturellement commencer par fixer le véritable état de la contestation ; au lieu de cela , l'on n'y trouve que des imputations vagues , ou de froides plaisanteries : on accuse les Fabriquans de n'avoir d'autre motif de reclamation que leur intérêt particulier ; le plan de défense que nous allons embrasser , suffira pour détruire cette allégation.

Voici donc quel eût dû être le canevas de l'Ouvrage de notre Adversaire. Voici le raisonnement sur lequel seul il pouvoit appuyer son système.

D iv

L'intérêt du Commerçant doit être écarté des confidérations qui décideront le Ministère. Le feul motif qu'on puisse raifonnablement lui préfenter, est l'intérêt du Commerce en général.

Or l'intérêt du Commerce en général ne s'oppofe point à l'établissement des nouvelles Fabriques de Toiles Peintes ; le Commerce du Royaume, loin de souffrir de cette innovation, en tirera plufieurs avantages.

De ces deux propofitions, la première est également avouée par les deux Partis. C'est donc aux preuves de la feconde, que l'Auteur devoit principalement s'attacher.

Pour établir cette propofition, il falloit d'abord clairement définir ce que l'on entend par l'intérêt du Commerce, & faire voir ensuite que les avantages que ce mot défigne fe trouvoient acquis à l'Etat, par la liberté que l'on veut introduire.

Tâchons de mettre autant de précision dans notre défense, que l'on a cherché à mettre de confusion & d'embarras
dans cette masse informe d'argumens que
l'on nous oppose.

Le Commerce est intérieur ou extérieur.

Le plus grand Commerce intérieur
consiste dans la plus grande consommation & dans la circulation la plus facile
& la plus rapide de l'argent : il augmente
l'aisance de l'Etat, mais il n'augmente
point ses richesses relatives.

Le plus grand Commerce extérieur
consiste dans l'exportation la plus abondante, & dans la plus grande quantité
de retours en argent. Ce Commerce augmente l'opulence relative d'une Nation,
c'est-à-dire, qu'un Etat surpasse plus ou
moins ses voisins en richesse, suivant que
son exportation est plus ou moins considérable.

L'avantage général du Commerce de

France eſt que l'un & l'autre de ces deux
Commerces ſoient également floriſſants :
il eſt important pour l'Etat , non-ſeulement de ne point diminuer , mais d'augmenter même , s'il eſt poſſible , ſon exportation ; il lui eſt également intéreſ-
fant d'augmenter ſa conſommation intérieure , & de faciliter la circulation des
valeurs repréſentatives.

Donc ſi l'Auteur des *Réflexions* vient
à bout de prouver, que l'établiſſement des
nouvelles Fabriques de Toiles Peintes ,
ne diminuera ni la conſommation de nos
denrées , ni l'exportation de nos matières
de luxe ; ou même qu'il augmentera l'un
& l'autre , les Commerçans qui s'oppo-
ſent à cet établiſſement n'ont aucune bonne raiſon à alléguer : leur demande ne
peut être écoutée.

Si cet Auteur ne prouve ni l'un , ni
l'autre ; & ſi nous démontrons au contraire , que l'établiſſement des nouvelles
Fabriques , inséparable de la permiſſion

générale de porter des Toiles Peintes,
doit diminuer sensiblement, & la consommation intérieure, & la somme totale des retours que nous recevons de
l'Etranger, il sera prouvé que la reclamation des Commerçans est fondée, non
sur leur propre intérêt, mais sur le bien
général du Commerce & de l'Etat.

********:*******

CHAPITRE III.

Que la langueur du Commerce doit être attribuée, au moins en partie, à l'introduction des Etoffes étrangères, & en particulier des Toiles Peintes.

L'Auteur que je combats entreprend d'abord de prouver cette proposition, qui fait le titre de son second Chapitre. *La langueur du Commerce en France, est faussement attribuée à l'usage des Toiles Peintes.*

Arrêtons-nous au titre de ce Chapitre. Il contient un aveu bien affligeant pour les bons Citoyens, & un peu embarrassant pour notre Adversaire.

La langueur du Commerce ne doit point être *attribuée* aux Toiles Peintes, nous

dit-il, mais elle exiſte donc cette langueur. Les Députés des différentes Manufactures du Royaume n'en ont donc
pas impoſé au Conſeil : ces calculs des
Commerçans de Tours, qui prouvent que
depuis 1753, juſqu'en 1758, le débit
des étoffes eſt diminué des trois quarts,
ne ſont point une exagération. Le mal
exiſte, il eſt important d'en découvrir la
cauſe.

Nos Fabriquans n'ont jamais dit,
qu'elle dût être imputée uniquement à
la tolérance des Toiles Peintes ; mais leur
Adverſaire prouve-t-il que cette tolérance n'ait pas du moins conſidérablement influé ſur l'effet qu'il eſt obligé
d'avouer ?

Attribuer à la guerre ſeule le dépé-
riſſement de nos Manufactures, c'eſt vou-
loir oublier qu'il s'eſt fait ſentir long-
tems avant qu'elle ſe fut allumée. Les
Anglois n'ont troublé notre Commerce
qu'à la fin de 1755 : or dès le com-

mencement de cette année , la Manufacture de Tours avoit perdu vingt de
ses moulins à soie. Il y a plus , nos Fabriques s'étoient soutenues pendant la
dernière guerre , qui dura depuis 1741 ,
jusques en 1748 ; ce fut après la paix ,
ce fut à partir de 1750 , tems auquel
les Toiles Peintes commencèrent à être
tolérées , que l'on vit tomber peu-à-peu
la Manufacture de Lyon. Il faut bien
peu être instruit des faits pour fixer à
cette époque son tems le plus brillant.
A-t-on oublié l'Arrêt du Conseil du 24
Octobre 1750 , qui permit à la Communauté des Fabriquans de cette Ville
d'emprunter soixante & quinze mille livres, qui furent distribuées aux Ouvriers
pendant l'hiver. Cette libéralité ne put
empêcher qu'un grand nombre ne déser-
tât & ne portât son industrie aux Manufactures d'Espagne , qui s'établirent
alors. Depuis ce tems , l'introduction des
Toiles Peintes a toujours augmenté , &

le produit de nos Manufactures a baiſſé dans la même proportion. Par quelle fatalité la guerre qui a commencé en 1755 auroit-elle, dans le moment même où elle nous a obligés de nous défendre, fait à notre Commerce plus de tort, que ne lui en avoient fait les ſept ans de celle de 1741.

L'Auteur, que nous combattons, ſent bien l'impuiſſance de cette cauſe, relativement à un effet auſſi étendu. Il cherche à en imaginer d'autres : il les trouve dans l'établiſſement des Manufactures de nos rivaux, & ſon ſyſteme tend à augmenter, à nos dépens, le travail de ces Fabriques étrangères : il les trouve juſques dans l'exacte obſervation des Règles par leſquelles les premiers Légiſlateurs de notre Commerce, ont cru devoir le maintenir. *L'Etabliſſement & les Privilèges excluſifs des Communautés, la cherté des Maîtriſes, la longueur des Apprentiſſages, l'induſtrie gênée en mille manières,*

Voilà, si on l'en croit, une des causes de
la diminution de notre débit chez l'Etranger ; c'est ainsi qu'il caractèrise ces Règles sages, aussi anciennes que nos Manufactures, & qui les ont soutenues avec
éclat, tant qu'on s'est fait un devoir de
n'y point donner d'atteinte. L'Auteur
décèle ici le systême général, dont le projet
qu'il défend, n'est qu'une branche ; & il
suffiroit presque pour le réfuter d'observer que nos Manufactures n'ont souffert
qu'à mesure que ces Règles primitives ont
été moins respectées, & que l'on s'est
donné plus de liberté pour y déroger.

Mais enfin, à quoi bon toute cette discussion ? Il ne faut qu'un raisonnement
bien simple, pour prouver à notre Auteur que la langueur du Commerce doit
être attribuée, *au moins en grande partie*,
à *l'introduction* & à la tolérance des Toiles Peintes. Le Commerce des Etoffes
de soie, & celui des Etoffes de coton,
font une partie, & un partie considérable

ble du Commerce général de la France.
Or il convient (a) que nos Manufactures
anciennes doivent souffrir de la permission
de faire & de porter des Toiles Peintes ;
son plan consiste à remplacer cette perte
par les profits abondans qu'il soutient
que l'on doit tirer des nouvelles Fabriques. Mais celles-ci ne sont point encore établies, & jusqu'ici la presque to-
talité des Toiles Peintes, qui ont ha-
billé nos Dames, & meublé nos maisons,
nous sont venues de la contrebande. Donc
la perte a été réelle, & le supplément
nul ; donc le Commerce a souffert de
la tolérance, & c'est ce qu'il s'agissoit
de démontrer.

Ainsi, que l'Auteur des *Réflexions*
s'attache à nous prouver que dorénavant,
& au moyen des Fabriques qu'il s'agit
de former, le port des Toiles Peintes
ne nuira point au Commerce général, on

(a) Chap. V.

E

examinera ſes preuves, & on prendra
la liberté de les contredire, ſi elles ne
nous paroiſſent point convainquantes ;
mais qu'il employe un Chapitre entier
pour prouver que les Toiles Peintes
n'ont point nui à notre Commerce, c'eſt
une allégation ſi évidemment fauſſe qu'elle eſt capable de détruire la confiance que
l'Auteur voudroit ſe procurer.

Qu'il conſulte même ſur cette queſtion
de fait ces ſages & vigilans Magiſtrats,
qui, par des Obſervations exactes &
réfléchies de tout ce qui concerne le
Commerce, préparent les voies à cette
partie de la légiſlation : ils ne diſſimule-
ront point que la Hollande ſeule, le Pays
de Liége, & le Duché de Limbourg,
nous envoyent tous les ans pour plus
de douze millions de Toiles Peintes. C'eſt
un fait qui a été vérifié. Que l'on juge
par-là de l'importation qui ſe fait par
nos autres frontières. Dira-t-on que cette
énorme conſommation de Toiles étran-

gères ne nuit en rien au débit de nos
Etoffes nationnales ? On oublieroit que
le motif sur lequel on s'est fondé, pour
soutenir qu'il falloit établir chez nous
des Fabriques de Toiles Peintes , étoit
la nécessité d'empêcher cette importation
ruineuse pour l'Etat. Nous examinerons
dans la suite si cet établissement peut produire l'effet que l'on s'en promet ; mais
il n'en suppose pas moins le fait que
nous voulons prouver , & que l'on nous
a nié.

Ajoutons ici une réfléxion importante.
Dans la dernière guerre , l'importation
du Commerce diminua le produit de nos
Manufactures , mais ne les anéantit point ;
la consommation intérieure nous resta
toute entière , & elle fut évaluée au tiers
du produit ordinaire de nos Fabriques en
tems de paix. Ce restant de profit sou-
tint l'espérance du Commerçant , & lui
fournit les moyens d'attendre avec pa-
tience le retour d'un tems plus heureux.

Mais que seroit-ce si lorsque la guerre in-
tercepte nos exportations , la contrebande
des Toiles Peintes , venoit encore enlever
aux Manufactures de France leur débit
intérieur ? Il est certain qu'alors le mal seroit sans remède , & notre Commerce
sans ressource. Le retour de la paix
trouveroit nos Fabriques désertes , & le
Royaume dépeuplé d'Ouvriers.

CHAPITRE IV.

Qu'il est facile de faire exécuter les Loix prohibitives sur les Toiles Peintes. Moyens d'y réussir.

L'Auteur des *Réfléxions* ne paroît pas compter infiniment sur la force des raisonnemens que nous venons de réfuter ; car après avoir réuni tous ceux qui lui ont paru les plus propres à prouver, que la tolérance des Toiles Peintes n'a point nui à notre Commerce, il ajoute, *cette vérité de fait n'est pas bien essentielle à la question qu'il s'agit de traiter ; & pourquoi ? C'est que quand cet abus feroit encore cent fois plus de mal, il faudroit qu'il fût possible de le corriger ; sans quoi toutes les plaintes que l'on pourra faire seront inutiles.* (a)

______

(a) Chap. III. p. 30.

C'eſt en conféquence de ce grave argument, que l'Auteur employe trente
pages (*a*), pour démontrer qu'il eſt impoſſible d'empêcher l'introduction & l'u-
ſage des Toiles Peintes. Il a raiſon d'in-
ſiſter ſur cet objet. En effet, ſi ce Chapitre contient une démonſtration, il faut
brûler tous les autres comme inutiles :
car s'il eſt abſolument impoſſible d'empêcher un uſage, à quoi bon ſe tuer pour
prouver qu'il eſt injuſte de le défendre?
On n'a pas beſoin de compoſer des vo-
lumes, pour démontrer au Conſeil qu'une
Loi qui défendroit l'uſage de l'eau ſeroit
inique & cruelle.

S'il eſt impoſſible d'empêcher l'introduction des Toiles Peintes, il faut convenir que les Légiſlateurs, qui, depuis
l'établiſſement de nos Manufactures, ont
tant de fois renouvellé la prohibition,
ont étrangement compromis l'autorité de

(*a*) Depuis la p. 30 juſqu'à la p. 60.

la Loi. Or, comme nous ne les soup-
çonnons point d'avoir voulu l'expofer
au mépris ; nous croyons de bonne foi
qu'ils ont jugé fon exécution poffible.

Quelles font en effet les difficultés fi
terribles qui s'oppofent à cette exécution?
On n'ira point, dit notre Auteur, *faifir
une Ducheffe dans fon caroffe, ni la femme
d'un Fermier Général*. N'examinons point
ici quels égards le Gouvernement doit
à ces Dames, que l'on place bonnement
fur la même ligne. Ce que nous fçavons,
c'eft que fi l'on annonce une fois que la
Loi fera exactement obfervée, ni l'une
ni l'autre ne s'expofera aux inconvéniens de la faifie ; la Ducheffe obéira,
& dût-on manquer de refpect à la femme
d'un Fermier Général, on viendra à bout
de faire refpecter nos Loix de Police
& d'Economie : Soyons bien perfuadés,
pour l'honneur de notre Gouvernement,
qu'elles ont quelquefois triomphé d'obf-
tacles plus férieux & plus importans.

E iv

C'en seroit un plus fâcheux & plus humiliant pour nous, si, comme le prétend notre Adversaire, nos Ministres violoient eux-mêmes les Règlemens qu'ils ont faits, & délibéroient, sur la question présente, dans *des appartemens meublés de Perse & d'Angleterre* (*a*) : après tout, cette anecdote, à laquelle nous nous dispenserons d'ajoûter foi, prouveroit, si elle étoit vraye, non l'impuissance de la Loi, mais la vérité de ce vers d'Horace *Quid Leges sine moribus ?*

Ecartons donc les raisons futiles & les railleries froides, que l'on trouve répandues dans ce Chapitre ; discutons avec un peu plus de soin ce qui a du moins quelque apparence de raison.

Pour nous prouver que l'exécution de la Loi est impossible, on vient nous dire qu'elle n'a jamais été bien observée ; mais est-ce la faute de la Loi, ou de ceux qui eussent dû tenir la main à son

____

(*a*) Pag. 32.

exécution ? c'est ce qu'il étoit nécessaire d'examiner. Il faut convenir avec notre Auteur, que trente Règlemens prohibitifs n'opéreront rien, tant que l'indulgence & la tolérance rempliront les intervalles de l'un à l'autre, tant que les mœurs de ceux qui doivent donner l'exemple seront sans cesse en contradiction avec la Loi, tant que les prévarications ne seront ni punies, ni même blâmées ; en un mot, tant que les dérogations tacites, les permissions extorquées, enfin, l'abandon & l'oubli de la Règle, contribueront sans cesse à la décréditer.

Est-ce à cet abus que l'on nous défie (a) de trouver un remède ? le voici : Tous les hommes se gouvernent non-seulement par les Loix, mais encore par les mœurs. Le François est plus que tout autre dans ce cas-là : les mœurs le dirigent, l'opinion le pousse, l'exemple le subjugue ; & c'est au Gouvernement lui-

---

(a) P. 39.

même à diriger les mœurs, l'opinion &
l'exemple. Un mot du maître, l'ufage de
la Cour, la coutume des grands, le refpect qu'ils témoigneront pour la Règle,
leur attention à s'y conformer, voilà ce
qui donnera le ton à tout le Royaume.
Or ce reffort, fouvent plus puiffant que
la Loi même, le Gouvernement le tient
dans fa main.

Ce n'eft donc pas en multipliant les
peines, ce n'eft pas en ajoutant des recrues de Commis à ces armées * in-
nombrables qui couvrent nos Provinces,
que l'on empêchera l'ufage des Toiles
Peintes ; il ne faut pour cela ni fuppli-
ces, ni vexations. En France les Loix
iront toutes feules, fi l'on veut bien les

---

* Il eft même important d'obferver que de
cette multitude de Commis, aucun n'eft pré-
pofé *ad hoc*, pour empêcher l'introduction des
Toiles Peintes. Ils veillent fur la contrebande
du fel, du tabac & d'autres denrées. Donc le
libre ufage des Toiles Peintes ne diminuera pas
le nombre des Commis : il ne rendra point de
bras à la terre.

laisser faire, ou tout au plus les aider par l'opinion.

Mais achevons de parcourir les obstacles insurmontables, qui rendront perpétuellement inutiles les Réglemens qui ont défendu l'introduction & le port des Toiles Peintes & des Etoffes étrangères.

Pour l'introduction en particulier, nous dit notre Auteur, *je trouve ces causes dont on ne peut arrêter l'action, & j'en tire une preuve de l'impossibilité de mettre à exécution la Loi prohibitive : ces causes sont*, 1°. *l'intérêt particulier & l'amour du gain pour ceux qui violent la Loi.* (a) Nous observerons à l'Auteur qu'il ne tire pas de ce principe fécond, toutes les conséquences qu'il en pouvoit déduire. Avec cette raison frappante, il prouveroit également qu'il est impossible de faire exécuter les Loix qui défendent le vol ; car un voleur de grand chemin *peut gagner* plus en un jour, qu'un

____

(a) P. 32.

Marchand de Toiles Peintes en trois mois.

2°. *A moins que l'on n'empêche le port & l'usage des Toiles Peintes, il sera impossible d'en empêcher l'introduction :* or on tenteroit inutilement d'en proscrire l'usage.

Rien n'est plus vrai que la majeure de ce raisonnement : aussi toutes les Loix qui ont défendu l'introduction des Toiles Peintes, en ont-elles aussi défendu l'usage ; & nous prouverons dans un moment, qu'il est indispensable de proscrire le port de ces Etoffes, parce que, sans cela, leur introduction qui est un mal avoué, seroit perpétuellement impunie.

Mais la mineure du raisonnement est fausse, & nous ne ferons ni au Ministère ni à la Nation, l'injure de croire que l'un ne puisse faire observer, & que l'autre ose perpétuellement enfreindre une Loi sage & nécessaire.

Tous les deux arriveront cependant, nous réplique-t-on ; le Ministère sera impuissant, le peuple sera toujours prévaricateur, on ne cessera point de porter des Toiles Peintes. Pourquoi ? Ecartons des raisons dignes d'être comparées à celles que nous venons de réfuter.

1°. *La Loi qui défendroit les Toiles Peintes, devroit être observée par les Citoyens de tous les ordres & de tous les états ; il faudroit l'exécuter vis-à-vis des gens riches & qualifiés, avec la même sévérité que vis-à-vis le commun des Citoyens : or c'est ce qui n'est pas praticable.*

A un argument aussi absurde, il suffit de répondre que lorsqu'en France, le Roi fait une Loi, il est assez puissant pour la faire exécuter uniformement pour tous ses sujets. Le Gouvernement François seroit-il moins puissant que celui d'Angleterre ? On sçait cependant avec quelle sévérité les Anglois font exécuter les Réglemens, qui défendent chez eux

l'introduction de nos Etoffes en foie &
en dorure. Les Fabriquans de Londres
ont eux-mêmes le droit de faire procéder
aux faifies , avec l'attention feulement
de n'entrer dans les maifons des Princes
& des Seigneurs , qu'après en avoir ob-
tenu la permiffion d'un Juge de Paix. (a)

2°. *On a confulté les perfonnes publiques , chargées de l'adminiftration de la police dans les grandes villes , leur fentiment
a été , que les voyes par lefquelles on pourroit affurer l'exécution de cette Loi , font
odieufes & impraticables.*

Pour répondre à cette objection , il
faudroit avoir vû ces avis des Magiftrats
de nos Provinces, & l'on n'a eu garde
de les faire imprimer ; au refte il peut fe
faire que l'on ait employé jufqu'ici des

____

(a) En 1748. la Princeffe de Galles fit défendre fa préfence à une Dame qui avoit ofé
lui venir faire fa cour vêtue d'une étoffe Françoife ; c'eft ainfi que les mœurs peuvent venir
au fecours de la Loi : alors il n'eft plus néceffaire d'employer les peines.

moyens odieux : il est facile de leur en substituer de plus doux & de plus sûrs. Une simple visite, un procès-verbal dont un Officier de Justice garantira la vérité, la confiscation de l'Etoffe, & une amende de 6 livres, voilà tout ce qu'il faut pour arrêter l'usage des Toiles Peintes : cette peine médiocre, répétée à chaque délit, rendra les femmes d'un certain état honteuses d'aller solliciter l'indulgence du Ministre ou du Magistrat. Les exceptions à la Règle, les graces particulières, les remises de la peine, étant une fois supprimées, la Loi recouvrera toute son activité ; il vaut mieux qu'elle agisse continuellement, que de frapper de grands coups. Y a-t-il dans ces moyens quelque chose *d'odieux & d'impraticable ?*

3°. Pour empêcher le port des Toiles Peintes, il faut avoir recours aux peines. *Or ou elles seront légères, & n'arrêteront personne, ou elles seront sévères ; & alors elles seront cruelles, & demeureront sans l'exécution.*

On vient de répondre à cette difficulté ; les peines seront légères & arrêteront tout le monde : d'ailleurs les con-
traventions deviendront infiniment plus
rares. On n'aura pas l'irrévérence d'arrêter une Fermière Générale *dans son
carrosse* ; elle n'achetera plus de Toiles
Peintes, dès qu'elle se croira obligée de
les cacher, & qu'elle ne pourra être sûre
de les conserver.

4°. Le *bon marché & la mode* (a) s'op-
poseront toujours à l'exécution des Réglemens. Donc cette exécution est impossible. Quel pitoyable argument ! Le
faux sel ne coûte presque rien : donc il
est impossible de faire exécuter les Or-
donnances qui le proscrivent : voilà pour
le bon marché. Quant à la *mode*, nous
serions bien malheureux en France, si
son autorité étoit supérieure à l'empire
des Loix. C'est l'exemple des grands qui

______

(a) P. 42.

fait

même un gain à faire venir des Toiles
de l'Inde ; parce qu'ils n'y portent point
d'argent , mais les épiceries de leurs établissemens sur lesquelles ils gagnent en-
encore : ainsi tout est profit pour eux ;
au lieu que pour les Anglois la perte
passe le profit.

Reste à examiner si nous pouvons établir la concurrence de nos Toiles Peintes
avec celles des Suisses. Cette Nation la-
borieuse emploie ses propres Toiles , il
en faut convenir ; elle les imprime, elle
les teint : elle a raison ; ces Fabriques
la mettent en état de se passer de nos
étoffes de soye. Il faut bien qu'elle se
procure la main-d'œuvre qui lui est propre. L'état des Suisses n'est pas , par rapport aux autres Nations, un Marchand
qui gagne : c'est un Bourgeois qui vit
avec économie, c'est un Pere de famille
qui se procure quelqu'aisance par son travail, & qui se fait faire ses habits par
ses enfans.

II

Mais les Toiles Peintes par les Suisses se répandant en France, au moment où la permission d'en porter sera générale, pourrons-nous les exclure & les primer par la modicité de nos prix ? Non : que l'on se rappelle que je raisonne toujours, en supposant que nos nouvelles Manufactures n'employeront que des Toiles de notre crû.

1°. Les Suisses n'employent que du Coton du Levant (*a*). Il est moins bon que celui de nos Colonies : mais aussi, il coûte beaucoup moins. Ils ne l'achetent en laine que 17 sols la livre, au lieu que nous payons celui de nos Colonies 40 sols en tems de paix. Voilà d'abord un considérable avantage que leurs prix ont sur les nôtres.

2°. La main-d'œuvre, en Suisse, ne coûte presque rien. Toutes les femmes filent à la campagne. La sobriété du Peu-

___

(*a*) L'Auteur que je réfute en convient, pag. 81.

ple, la vilité du prix des denrées, nécef-
faires à la fubfiftance, font que les façons
reviennent à un argent extrêmement au-
deffous de ce que nous coûteroit le travail
de nos gens de la campagne.

Entrons ici dans quelques détails. On
peut compter fur leur exactitude, puifqu'on les a été chercher fur les lieux
même. Les Suiffes ne payent le filage
de leurs Cotons, pour les Toiles communes, que 21 fols la livre de feize
onces. (*a*). La façon de ces Toiles fe
paye au Tifferand 3 fols 6 den. par aune ;
& le blanchiffage d'une pièce de feize
aunes ne coûte que 17 fols, le tout argent de France : il faut même obferver
que l'ouvrier à qui on donne 3 fols 6 d.
par aune, pour la façon de ces Toiles,
fe nourrit fur fon falaire : il y a certains

______

(*a*) On a ici réduit les méfures de Suiffes à
celles de France.

Cantons dans lesquels on travaille encore
à meilleur marché. L'Entrepreneur se
charge de nourrir les ouvriers, & alors
il ne leur donne par jour que 6 liards ou
deux sols. Au reste, il y a peu de Pays
où les denrées, à l'exception du vin,
dont on ne boit presque point à la campagne, soient à meilleur marché.

3°. Les Suisses ne connoissent presque
point d'impôts. On n'en perçoit aucun
sur les personnes. On y taxe seulement les
maisons, & cette taxe, payée par le propriétaire, est extrêmement modique ;
elle est de 50 sols, de 3 liv. ou de 3 liv.
10 sols, au plus : cette raison seule suffit
pour prouver que les denrées & la main-
d'œuvre doivent y être à très-bon marché : calculons d'après ces faits, ou plutôt,
mettons sous les yeux du public les calculs qui nous ont été envoyez de Berne,
de Saint-Gal, & de Genève. Toutes les
Toiles de Coton qui se fabriquent en

Suisse sont de 16 aunes de France : les plus grossières se font à Berne, les autres à Saint-Gal, & aux environs.

Les Toiles de Berne, qui répondent le plus à nos Garats, se vendent comptant 15 liv. la pièce de 16 aunes sur trois quarts de large. Saint-Gal qui fournit des Toiles plus fines, que l'on peut comparer à nos Baffetas & à nos Guinées, les vend 20 liv. 10 f. comptant, en augmentant néanmoins ce prix à proportion de la finesse de la Toile. Mais si l'on veut décomposer le prix des Garats, on verra quel est le profit dont le Fabriquant Suisse se contente, & qui lui suffit, vû le Pays où il travaille.

Il entre dans une pièce de Garats de seize aunes, sur trois quarts de large, quatre livres & demie de Coton du Levant, à 17 sols la livre, ci   3 16 6
Le filage coûte 21 sols la livre
de seize onces, en tout, pour
les quatre livres & demie   . 4 14 6

La façon, à 3 fols 6 den. par
aune 2 16
Le blanchiffage coûte . .   17.
Il faut comper de plus, pour
le déchet & pour le dévidage 1 10
                              Total, 13 14

Donc, la pièce de Toile, à raifon de 15 l.
produit 26 fols de bénéfice au Fabriquant.

Si l'on fait maintenant réflexion, que
les Toiles venant de Berne à Genêve,
ne payent pour voitures, frais, & commiffion que 6 liv. par quintal ; & de
Saint-Gal à Genêve, que 15 liv. fi l'on
obferve que de Genêve elles entrent
toutes en France par contrebande, on fe
convaincra aifément qu'elles doivent
chez-nous être à beaucoup meilleur marché que toutes celles que nous pourrions
faire nous-mêmes.

En effet, pour nous fixer ici aux
Toiles les plus communes, qu'elle eft la
Manufacture Françoife qui puiffe en fa-

briquer de la même espèce que celles qui se font à Berne, & les donner, on ne dit pas pour 15 liv. la pièce de seize aunes, mais pour 25, & même 28 liv.

Quant au prix de l'impreffion, quoiqu'il varie, fuivant la qualité & la diftinction des couleurs, & fuivant le nombres des planches ; il eft certain, cependant, que cette main-d'œuvre ne fait pas un objet de plus de 5 fols par aune. Un deffein de trois ou quatre couleurs n'augmente que de 4 liv. le prix de la pièce de feize aunes. Doù il fuit que la Suiffe eft en état de nous envoyer des Garats peints ou imprimés, qui ne fe vendront en France que 26 à 27 fols l'aune. Or, il eft impoffible que jamais nos Manufactures de Toiles Peintes, quelques fuccès qu'on leur fuppofe, vendent les leur, de qualités égales, à fi bas prix.

On pourroit fuivre cette proportion dans les autres Toiles de qualités fupérieures, en comparant les prix des Suiffes aux nôtres ; mais ce que nous venons de dire, suffit pour établir, qu'inutilement nous flatons-nous de la concurrence, qu'ils feront toujours les maîtres d'empêcher: il eſt démontré en effet que les Suiſſes, en gagnant ſur leurs Toiles Peintes, pourront toujours les donner à beaucoup meilleur marché que nous.

Mais ſi nos Toiles, à qualités égales, ne peuvent pas acquérir la concurrence avec celles des Suiſſes, celles des Suiſſes même peuvent-elles ſe la procurer avec celles de l'Inde, comme l'avance l'Auteur que nous combattons ? Il eſt aiſé de prouver qu'elles n'y ſont point encore parvenues. Un ſeul fait ſuffit pour nous fournir cette preuve.

En effet, ſi les Suiſſes pouvoient nous vendre à un prix au-deſſous de ce que nous achetons de la Compagnie des Indes, s'amuſeroient-ils à imprimer des Toiles, dont, ſans le ſecours de l'impreſſion, ils pourroient ſe procurer un débit conſidé-

rable en France ? Croit-on qu'ils négli-
geaſſent un moyen ſûr de faire tomber
celles de la Compagnie des Indes, pour
établir le Commerce des leur, ſur-tout
dans ce tems-ci, où les prix de la Compagnie des Indes ſont fort augmentés ? ſi
donc, juſqu'ici, ils n'ont point cherché à
ſe procurer ce débouché, c'eſt qu'ils ont
reconnu que les Toiles de l'Inde, à qualités égales, auroient encore ſur les leur
l'avantage du meilleur marché. Notre
Adverſaire n'imputera point ce défaut
d'importation des Toiles blanches de Suiſ-
ſe à la difficulté de l'introduction, puiſ-
qu'il a fait un Chapitre entier, pour prouver qu'il étoit impoſſible de l'empêcher.

Ainſi deux vérités prouvées : l'une, que
les Toiles des Suiſſes ſeront toujours à
meilleur marché que les nôtres ; l'autre,
quelles coûtent même plus cher que celles
de la Compagnie des Indes. De l'une &
de l'autre, on doit conclure que nos
Manufactures de Toiles Peintes, en employant des Toiles de Coton, fabriquées

chez-nous, ne fe procureront pas même la concurrence avec celles des Suiffes.

Mais, nous dira-t-on, s'il eft impoffible d'efpérer la concurrence de nos Toiles de Coton avec celles des Etrangers, que fera-t-on du Coton qui croît dans nos Colonies? Cette objection mériteroit peut-être une réponfe, fi tous nos Cotons n'étoient pas employés, & fi nous étions réduits à en exporter chez l'étranger ; mais tout ce qui nous en arrive eft travaillé chez nous : les Manufactures de Normandie, qui n'employent que du Coton, ont fait feules, tant qu'elles ont été protégées, un Commerce de 25 à 30 millions par an. Ainfi, loin d'être embarraffés de nos Cotons, loin d'être obligés d'en revendre , nous fommes fouvent réduits à en acheter; donc, en laiffant les chofes dans l'état où les ont mifes les anciens Règlemens, nous ne faifons aucune perte.

Jufqu'ici nous avons raifonné dans l'hypothèfe, que les Toiles fur lefquelles

les nouvelles Manufactures se proposent d'imprimer seroient fabriquées en France & de nos propres Cotons : c'est le premier cas que nous nous sommes proposé, & nous avons prouvé qu'il ne pouvoit nous procurer la concurrence ni avec l'Inde ni avec nos voisins.

Examinons maintenant le second cas : c'est celui où les nouvelles Fabriques peindroient ou imprimeroient sur des Toiles des Indes. C'est certainement ce qui arrivera si elles s'établissent ; car il est naturel que les Entrepreneurs visent au bon marché, & cherchent à se tirer d'affaire de façon ou d'autre.

Or, dans ce cas là, rien de plus ruineux pour la France que ce genre de Commerce. Il ne suffit pas de le prouver, nous sommes en état de le démontrer.

Nous avons établi dans le premier Chapitre de cet ouvrage deux vérités. L'une que la richesse relative d'un Etat consiste dans la plus grande somme des retours d'argent qu'il tire de l'Etranger; l'autre, que ces retours doivent être le prix de la plus grande induſtrie ; parce qu'en ſuppoſant tout le ſol de l'Europe également cultivé , l'induſtrie ſeule fait multiplier la valeur des fruits de la terre.

Il ne nous faut que ces deux axiômes pour démontrer notre propoſition.

Dans les étoffes de ſoye , la valeur intrinſéque de la matière première eſt à celle que lui ajoûte le travail, comme 1. eſt (*a*) à 3. ou à 4. Dans les étoffes de Coton, le prix de la matière eſt à celui de la main-d'œuvre comme 1. eſt à 2. & à 3.

Donc , en exportant des étoffes de ſoye, ſi nous donnons à l'étranger vingt millions des fruits de notre ſol, nous tirons de lui une valeur de ſoixante à

______

(*a*) Il y a telle étoffe de ſoye dans laquelle la main-d'œuvre , à ſextuplé la valeur des matières premières. Il y en a d'autres où elle n'a fait que la doubler ou la tripler. On a pris ici le milieu.

quatre-vingt millions ; & quand les
foyes nous viendroient du Pays Etranger,
nous aurions encore quarante à foixante
millions de bénéfice.

Si nous exportons de petites étoffes
de Coton, fur une exportation de trente
millions de matières premières, nous
avons au moins trente millions de profit
dûs à la main-d'œuvre, en fuppofant
même que nous employions des Cotons
de l'Etranger ; car fi ce font nos propres
Cotons que nous travaillons, tout eft
bénéfice pour nous, & il n'y en a que
la moitié, tout au plus, qui foit dûe à
notre culture.

Dans les Toiles Peintes, au contraire,
fi le fond de la Toile nous vient de
l'Etranger, la valeur de ce fond eft à la
main-d'œuvre de l'impreffion, au moins
comme 6. eft à 1. Donc, fi nous com-
mençons par porter à l'Etranger trente
millions de notre argent pour avoir des
Toiles ; en exportant enfuite ces mêmes

Toiles, que nous aurons peintes, nous n'avons que cinq millions de profit : donc, le bénéfice que nous ferons fur l'exportation des Toiles fera à celui que nous ferions fur l'exportation des étoffes de foye, comme 5. eſt à 60. & à celui que nous tirerions de nos Cotonades comme 5 eſt à 30.

Ceci prouve bien une perte, mais nous avons plus dit ; car nous avons annoncé une ruine, & nous allons la démontrer. Nous venons de fuppofer que nos Toiles Peintes feroient vendues à l'Etranger : or, ceux qui ont donné les projets de ces Fabriques ne portent point leurs efpérances jufqu'à fe flatter d'une exportation : ils avouent qu'ils ne travaillent que pour la confommation intérieure ; dans ce cas là, nous donnerons donc, tous les ans, à l'Etranger, des fommes très-confidérables pour acheter fes Toiles, & nous ne lui rendrons rien en induſtrie, notre richeffe relative diminuera donc néceſſairement chaque année, en raiſon de l'argent qui ſortira de Fance pour l'importation d'une marchandiſe qui ſe conſommera dans le Royaume.

Mais, nous dira-t-on, qu'importe à l'Etat, qu'il faſſe venir des ſoyes ou des Toiles de Coton.

1°. Ces ſoyes, nous les rendons à l'étranger avec une valeur triple & quadruplé, qui n'eſt dûe qu'à notre induſtrie.

2°. Nous gagnons toute la main-d'œuvre de la ſoye, depuis le filage incluſivement, au lieu que dans l'hypothèſe que nous examinons, nous payerons à l'Etranger, & le filage, & la fabrique de la Toile, nous ne gagnerons que les frais de l'impreſſion.

Nos Légiſlateurs du Commerce ont ſenti qu'il étoit extrêmement important, pour la France, d'empêcher l'importation des Toiles étrangères : c'eſt pour cette raiſon que l'on a mis ſur les Toiles même de la Compagnie des Indes, qui

feroient vendues aux Régnicoles un droit
de 40 liv. pour cent péfant, droit qui
n'eft point perçu, lorfqu'elles font vendues aux Etrangers : on a compris que
moins cette Compagnie débiteroit en
France, moins elle nous feroit onéreufe,
& il n'eft pas néceffaire de prouver qu'elle
feroit ruineufe pour l'Etat, fi tout ce
qu'elle va chercher en Orient étoit vendu
& confommé dans le Royaume.

Or, les précautions que l'on a prifes
pour inviter les Etrangers à venir acheter
les marchandifes de notre Compagnie des
Indes, & pour détourner les Régnicoles
de ces achats, font encore un obftacle
à la concurrence que l'on voudroit établir entre nos Toiles Peintes & celles
de nos voifins. Car il eft certain que
l'Etranger, achetant de notre Compagnie
les Toiles de l'Inde à 40 liv. pour cent
péfant, de meilleur marché que nous,
fera en état de vendre ces Toiles imprimées à plus bas prix que nous ue les
vendrons nous-mêmes. Voudra-

Voudra-t-on lever cet obstacle, en supprimant le droit que payent les Régnicoles, quand ils achettent de la Compagnie ? Non, sans doute ; car alors elle seroit, comme nous venons de le dire, la ruine de notre Commerce, & tout l'argent qu'elle porte aux Indes seroit perdu pour nous.

Il est inutile d'insister d'avantage sur cette hypothèse ; car les plus vifs Apologistes des Toiles Peintes donnent, pour motif de la liberté qu'ils sollicitent, l'utilité qu'il y auroit d'employer nos Cotons & nos Toiles ; ils conviendront aisément, que si les Manufactures dont ils demandent l'établissement, imprimoient sur des Toiles des Indes, cette nouvelle Manufacture nous seroit plus onéreuse qu'utile.

Ainsi, pour résumer tout ce que nous avons dit dans ce Chapitre, ou nous imprimerons sur nos propres Toiles, & alors quand nous obtiendrions la concur-

rence de perfection, jamais nous n'ac-
quérerons la concurrence des prix avec
l'Etranger ; ou nous imprimerons fur les
Toiles qui nous viendront, & de l'Inde,
& de nos voifins ; auquel cas il fortira
beaucoup plus d'argent du Royaume,
par l'importation des Toiles blanches,
qu'il n'en entrera par l'exportation des
Toiles Peintes ; fans compter celui que
nous enlevera la contrebande des Toiles
imprimées, & aux Indes, & en Suiffe, &
en Angleterre, & en Hollande.

Raifonnons maintenant d'après ces
faits, & voyons fi l'établiffement des nouvelles Fabriques fera tort au Commerce
de l'Etat.

****

CHAPITRE VI.

Que l'établissement des nouvelles Fabriques nuira au Commerce de l'Etat. Idée que l'on doit se faire de ce Commerce & de ce qui en constitue les avantages.

NOUS avons dit plus haut que ce Commerce étoit intérieur ou extérieur; que le premier consistoit dans la plus grande consommation, & le second dans la plus grande exportation.

Nous avons, de plus, fait voir que l'une & l'autre croissoit ou diminuoit, suivant que l'industrie s'augmentoit ou s'affoiblissoit.

L'industrie nationale réside dans les Manufactures, & il faut avouer avec notre Auteur, que c'est la somme totale de ces Manufactures qu'il faut envisager, & non telle ou telle Fabrique en particulier.

Cependant, il faut ici faire une observation importante ; nous convenons avec lui que (*a*) *l'Etat n'est pas marchand de velours, ou marchand de drap ; qu'il est marchand de tout, qu'il tient magasin.* Mais suffit-il d'avoir de tout pour être un riche négociant? non, sans doute: il faut, de plus, vendre ses marchandises, & en avoir un débit prompt & facile. De deux magasins, l'un peut être beaucoup plus rempli que l'autre, mais ne pas débiter, ou être forcé de vendre à perte ; & dans ce cas-là, le magasin moins plein, mais qui se vuide deux fois par an, & avec des profits considérables, rendra son maître beaucoup plus riche, que ne le sera le propriétaire du premier.

Une seconde observation également

____

(*a*) Chap. V. pag. 90.

juſte, c'eſt, que ſi les Propriétaires de ces magaſins ſont en même-tems Fabriquants, (& c'eſt le cas où nous nous trouvons,) celui des deux qui employera le plus de main-d'œuvre, ſera le plus riche : car ſi l'un & l'autre conſomme, par an, pour un million de matières premières, celui qui ajoutera par ſon travail, une valeur de 2000000 à cette ſomme, ſera beaucoup plus opulent, à débit égal, que celui qui ne ſe procurera, par ſon induſtrie, qu'un profit de quarante ou cinquante mille francs, ſur un million.

Enfin, ſi ce Marchand Fabriquant eſt, en même-tems, propriétaire de pluſieurs terres dont il doit cultiver le ſol & occuper les habitans, il ſera plus ou moins riche, ſuivant que ſon Commerce ſera plus ou moins propre à mettre ſes fonds en valeur : il doit s'en faire un moyen de débiter les fruits de ſes terres, d'en augmenter les productions, & d'en occuper les habitans; auquel cas

I iij

il gagnera , & comme propriétaire , & comme Fabriquant, & comme Marchand.

Ainsi , trois choses à considérer, pour se faire une juste idée du plus ou du moins d'avantages que l'Etat peut trouver dans un Commerce quelconque.

1°. L'abondance du débit des marchandises.

2°. La plus grande valeur d'industrie dans les marchandises qu'il vend.

3°. Le rapport que son Commerce peut avoir avec l'agriculture , & les moyens qu'il peut fournir à l'occupation de ses sujets & au débit de leurs denrées.

Appliquons ceci au Commerce des Toiles Peintes, comparé avec celui des étoffes qu'il doit nécessairement diminuer; nos principes sont si clairs, que l'on va voir que notre Auteur les suppose lui-même.

En effet , au commencement de son Chapitre V. dans lequel il examine le tort, *que la libre fabrication & l'usage des*

Toiles Peintes peut faire à nos *Munufac-*
tures, voici, à peu-près, le raisonnement qu'il fait. Il n'y a point de Fabrique,
nouvellement établie, qui ne fasse tort
aux anciennes, & l'on ne doit pas en
conclure qu'elle fasse tort au Commerce
général, *(a) la libre fabrication & la*
consommation des velours, a certainement
nui aux Fabriquans en drap. Mais les
Manufacturiers en velours, qui font sujets
du même Prince, & citoyens du même
Royaume, ont gagné plus que ceux-ci n'ont
perdu ; & le Royaume a gagné avec eux,
parce que nous n'avons plus acheté les ve-
lours de l'Etranger, parce que nous en avons
exporté, parce que nous avons eu un nou-
veau genre d'industrie, &c.

Ce raisonnement, qui est vrai, n'est
qu'un piège adroit que l'on tend au
Lecteur. On voudroit l'engager à appliquer aux Toiles Peintes ce que l'on y

____

(a) Page 90.

dit sur les velours ; mais pourquoi notre Auteur n'ose-t-il pas faire lui-même ouvertement cette application ? C'est qu'il sçait que le même principe qui rend son raisonnement juste dans l'hyppothèse qu'il prend, prouveroit la fausseté d'un argument *à Pari*, en faveur des Toiles Peintes.

Voici, en effet, cet argument. *La libre fabrication & la consommation des Toiles Peintes nuira certainement aux Fabriquants d'étoffes de soye, de coton, & de laines. Mais les Manufacturiers de Toiles Peintes qui sont sujets du même Prince, & citoyens du même Royaume, gagneront plus que ceux-ci ne perdront ; & le Royaume gagnera avec eux, parce que nous n'acheterons plus les Toiles Peintes de l'Etranger, parce que nous en exporterons, parce que nous aurons un nouveau genre d'industrie.*

La première proposition de l'un & de l'autre raisonnement est vraie ; il est certain que les Manufactures de Velours ont fait tort aux Fabriques de drap, comme celles de Toiles Peintes feront tort à toutes les autres.

Mais dans le premier raifonnement, la feconde propofition eft vraie, & elle eft fauffe dans le fecond.

Car s'il eft vrai, que les Manufactures de velours ont plus gagné que les Manufactures de drap n'ont perdu; s'il eft certain que le Royaume a gagné avec les premieres; il eft faux que les Fabriques de Toiles Peintes doivent rendre à l'Etat plus que ne perdront les Fabriques d'étoffes de foye & de coton. Pourquoi? l'Auteur nous le dit lui-même. Nous avons exporté nos velours? Nous avons ceffé d'en acheter des Etrangers.

Or, nous n'exporterons point nos Toiles Peintes; non-feulement, nous ne cefferons point d'en acheter des Etrangers; ces achats feront encore plus fréquens & plus confidérables.

Ainfi en fabriquant des velours, nous

nous sommes procuré le double avantage dont nous venons de parler, 1°. plus abondante exportation : 2°. augmentation dans la valeur, qui naît du travail & de l'industrie : & c'est en partant de cette double utilité, que notre Adversaire prouve combien l'établissement des Fabriques de velours a été lucratif pour le Commerce en général.

En effet, il est sûr que, quand même nous n'aurions vendu à l'Etranger qu'autant de pièces de velours que nous lui vendions auparavant de pièces de drap, notre exportation eût augmenté de la différence entière qu'il y a entre la main-d'œuvre des draps, & la main-d'œuvre des velours. Donc, il y avoit du gain pour l'Etat à faire des velours ; & le préjudice que pouvoient alléguer les Fabriquans de draps ne devoit point toucher le Ministère.

Voyons si les nouveaux Fabriquans des Toiles Peintes peuvent se vanter de

procurer au Commerce du Royaume un
semblable avantage, ou même s'ils peuvent prouver que leur entreprise ne lui
sera pas nuisible.

D'un côté, ils ne se flattent point
d'exporter des Toiles Peintes. Il est aisé
de démontrer que les Etrangers qui pour
ront s'en fournir ailleurs à meilleur marché, ne viendront jamais acheter les
nôtres.

D'un autre côté, en supposant même
que l'on exportât autant de pièces de
Toiles Peintes, que jusqu'ici on a exporté
d'étoffes de soye & de coton, il seroit
certain que notre exportation totale dimi-
nueroit de toute la différence qu'il y a
entre la main-d'œuvre des Toiles Peintes
& celle des étoffes de soye & de coton.
Donc, la Fabrique des Toiles Peintes
ne peut que diminuer notre exportation.

Il y a plus : nos Manufactures de
soye & de coton tiennent à l'agriculture.
Elles encouragent l'établissement des

foyeries, la plantation des mûriers, elles
nous procurent le débit de nos cotons.
Les Manufactures de teinture & d'impression ajouteront - elles, ou de nouveaux motifs, ou de plus grandes facilités, pour la culture des fonds. Non,
sans doute : si tous nos cotons n'étoient
pas employés, si nous étions réduits à
en revendre à l'industrie des Etrangers ;
si nous ne trouvions pas le débit de nos
Toiles : on auroit raison : il faudroit,
en procurant de nouveaux débouchés à
ces branches de Commerce, prévenir le
rallentissement de la culture des matières
premières. Mais quel motif peut nous
engager à établir une petite main-d'œuvre, qui ne peut être, chez-nous, qu'un
attrait à l'importation des Toiles Etrangères, & qui dès-là, sera plus avantageuse
à nos voisins qu'à nous-même. Les Manufactures de soye venant à tomber, cette
partie de l'agriculture, que nécessite le
besoin de la soye, loin d'être encouragée,

fera elle-même, de jour-en-jour, plus
abandonnée. Nos cotons en feront-ils
mieux cultivés & plus recherchés? Quand
cela feroit, on y perdroit encore ; parce
que les foyeries occupent plus de monde,
exigent plus de travail, employent plus
de bras, tiennent plus immédiatement à
l'agriculture du fol de la France, & produifent dans le Royaume une plus grande
circulation : mais il n'eft pas même vrai
que les nouvelles Manufactures doivent
augmenter la culture & l'abondance de
nos cotons, puifqu'il eft prouvé que pour
fe procurer le débit des Toiles Peintes,
il faudra employer des cotons du Levant.
Donc, l'établiffement des Fabriques d'impreffion ne peuvent faire aucun bien à
l'agriculture, & peuvent, au contraire,
la diminuer.

On répond à cela, qu'il eft vrai que
nous n'exporterons point de Toiles Peintes ; mais que l'exportation des étoffes
de foye & de coton n'en fera pas moins

abondante, d'où l'on conclut que les nouvelles Manufactures ne diminueront en rien la richesse relative de l'Etat.

Ainsi, dans le Chapitre que nous examinons actuellement, comme on ne peut nier le tort que les Toiles Peintes feront à nos anciennes Manufactures, on voudroit au moins le réduire à cette portion des étoffes nationales qui se vendent & se consomment en France.

De là deux, questions à examiner, 1°. la diminution de la consommation qui se faisoit en France, & des étoffes de soye, & des étoffes de coton, est-elle un mal pour l'Etat ?

2°. Est-il bien vrai que l'exportation de ces étoffes, chez l'étranger, sera toujours la même ?

Cette division nous ramène à la distinction déja proposée entre le Commerce intérieur & le Commerce extérieur, dont les avantages ou les désavantages doivent être examinés séparément, Elle nous dis-

pense de répondre à cette énumération
des différens genres de Fabriques auxquelles notre Auteur soutient que les
Toiles Peintes ne feront point, ou du-
moins, feront très-peu de tort. Il paroît
dans cette discussion, avoir oublié son
principe, que nous avons adopté ; sçavoir, que dans la question présente, il
ne faut considérer aucune Fabrique en
particulier, mais le Commerce en général.

CHAPITRE VII.

La moindre consommation des étoffes
de Soye & de Coton sera un véri-
table mal pour le Royaume; l'usage
des Toiles Peintes doit nécessaire-
ment diminuer les avantages de
notre Commerce intérieur : Ce que
c'est que le luxe dans un Etat.

IL ne faut pas perdre de vûe le principe
que j'ai déja établi. C'est que le plus grand
Commerce intérieur consiste dans la plus
grande consommation & dans la plus rapide circulation ; ce sont ces deux causes
qui concourrent à l'aisance des Particuliers & à la richesse intérieure.

Supposons, en effet, deux Etats qui
aient chacun deux cens millions, en argent, répandus dans les différentes mains
des

des Particuliers qui compofent la fociété.
Il eft évident que celui des deux, dont
les 200 millions feront dans une circulation perpétuelle, fera deux fois plus à
fon aife que celui qui n'aura que la moitié
de ce fond dans le Commerce.

De ce principe il fuit, que la plus
grande confommation produifant un mouvement plus grand dans la maffe de l'argent, rend auffi l'Etat plus floriffant, &
multiplie l'aifance des Particuliers.

Or, cette confommation a pour objet,
non-feulement les fruits de la terre & les
denrées, mais encore, l'induftrie qui en
augmente la valeur.

Ainfi, pour continuer notre hypothèfe;
fi l'Etat qui a 200 millions d'argent a
un terrain qui lui produife tout le néceffaire abfolu, & n'a d'autre Commerce
intérieur que celui de fes denrées de première néceffité, la plus grande partie de
fon argent fera mort, le Peuple vivra,
mais fera pauvre; que feroient aux cinq

K

Nations Iroquoifes 200 millions d'argent
répandu dans leurs cabanes, fi ces Sauvages ne commercent qu'entre eux, & ne
trafiquent que des peaux dont ils fe couvrent, des armes dont ils fe fervent, &
du gibier dont ils mangent ?

Mais que ce Peuple fe dépouille de
fes mœurs barbares ; qu'il cultive la
terre, qu'il en tire une foule de commodités qu'il ne connoît point encore ;
alors fans lui donner de Commerce avec
l'Etranger, la circulation de l'argent fera
plus grande chez lui ; cet argent deviendra le figne de beaucoup de biens nouveaux : la Nation commencera à devenir
plus riche.

Mais elle le fera incomparablement d'a-
vantage, fi les productions du fol augmentent de valeur par l'induftrie ; dès
que la main-d'œuvre multipliera cette
valeur, la circulation de l'argent fera
abondante & rapide.

Ainfi, règle générale, quoique l'argent ne ſoit pas richeſſe par lui-même, comme il eſt au moins le ſigne des richeſſes réelles, plus il aura de mouvement, plus il annoncera un peuple riche & heureux. Notre Auteur connoît donc bien peu ce qui conſtitue la richeſſe d'un Etat, lorſqu'il dit (*a*) *qu'il eſt indifférent au Gouvernement, que la Nation ſoit vêtue de ſoye ou de toile, & qu'il doit déſirer qu'elle ſoit vêtue plutôt de toile que de ſoye, ſi la toile eſt à meilleur marché.* Cette réflexion eſt d'un homme qui conſidère le luxe en Théologien, & non en politique, ou plutôt qui ne s'eſt point formé une juſte idée du luxe qui corrompt les Etats ; de cette obſervation il ſuivroit, en effet, que ſi nous pouvions nous contenter de quel-ques peaux, comme les Sauvages, ou même aller tout nuds, nous ſerions plus riches que nous ne le ſommes, parce qu'il

______

(*a*) Page 106.

K ij

nous en coûteroit moins pour nous vêtir.
Le luxe, comme le dit très-bien l'Ami
des hommes, n'eſt que l'abus des richeſſes;
mais les richeſſes feules ne font point
le luxe. Ainſi, une Nation peut être
toute entière habillée de velours, elle
peut abonder en commodités & en ma-
gnificences, fans, pour cela, être accuſée
de luxe. Tant que les rangs feront mar-
qués, & la magnificence proportionnée
aux rangs ; tant que le citoyen ne dépen-
fera point au-de-là de ce qu'il a ; tant
que l'Etat ni le Particulier ne s'endette-
ront point ; quelque dépenſe que l'un &
l'autre faffe, la Nation aura des richeſſes,
elle fera exemte de luxe. Il peut être
important pour tel ou tel Citoyen d'a-
maffer ; mais il eſt de l'intérêt de l'Etat
que chacun dépenſe tout ce qu'il a, &
rien au-de-là : alors tout vit, tout circule, tout travaille, & la population
augmente avec la culture & les richeſſes.

Donc, fi a un débit qui faifoit circuler

dans le Royaume cinquante millions par an, vous substituez un autre débit qui n'en fasse plus circuler que cinq, vous diminuez cette partie de l'aisance nationale dans la proportion de dix à un.

Mais si de ces cinq millions qui vont circuler, quatre passent à l'Etranger, alors votre consommation qui étoit de cinquante, n'est plus que d'un ; & de plus, vous perdez tous les ans quatre qui ne rentrent point chez vous.

Appliquons ces calculs à notre objet. Si la fabrication, le port, & l'usage des Toiles Peintes diminuent notre consommation, elles nuiront à notre Commerce intérieur. Proposition déja prouvée.

Or, l'usage des Toiles Peintes diminuera notre consommation, je vais l'établir. Elle la diminuera 1°. parce que quand même nous ne consommerions que des Toiles Peintes, faites en France, le prix total de ces Toiles vendues n'éga-

lera jamais le prix total des autres étoffes
(*a*) quelles remplaceront.

2°. Parce que des Toiles Peintes que
nous emploirons, il y aura quatre cin-
quièmes, au moins, qui nous viendront
du Pays étranger.

Donc, la circulation de l'argent diminuera: donc, on consommera beaucoup
moins de valeur nationale, soit en productions du sol, soit en industrie.

Donc, il n'est pas vrai que l'on doive
regagner sur les Toiles Peintes ce que
l'on aura perdu sur les étoffes.

Qu'arrivera-t-il encore ? Comme dans
un Etat la consommation & la population
sont réciproquement & la cause & l'effet
l'une de l'autre ; cette diminution dans
la somme totale de l'industrie & de l'aisance nationale diminuera encore le nombre des sujets.

______

(*a*) Elles remplaceront en effet, non-seulement nos Cotonades, mais encore une partie
des étoffes de soye qui sont achetées par la
Bourgeoisie & par la Noblesse.

On est forcé de convenir, en effet, que la Fabrique & l'usage des Toiles Peintes enleveront aux anciennes Manufactures presque tout ce qu'elles fournissoient à l'habillement du Peuple : si cette fourniture n'occupoit qu'un quart des Manufactures d'étoffes de soye, elle occupoit au moins les deux tiers des Manufactures d'étoffes de coton. Les premières verront donc presque un quart, & les secondes presque les deux tiers de leurs ouvriers sans travail. On ose dire, sans craindre d'être démenti, que cette diminution dans le travail, sera la ruine de 60000 familles ? N'est-ce donc rien pour l'Etat, que cette foule de Citoyens réduits à l'indigence la plus affreuse ? Auroit-on la dureté d'exiger qu'ils restassent en France ? Ils seroient le fardeau de l'Etat ; perdus pour la République, quel motif pourra les porter à perpétuer leur misère dans leurs Enfans ? Quel attrait le mariage pourroit-il leur présenter ?

K iv

ôtez au Peuple le travail qui produit fon aifance, vous étouffez fa poftérité. Que fera-ce, fi tant de malheureux quittent le Royaume ? Egalement enlevés à la Patrie, ils augmenteront encore nos pertes en enrichiffant nos rivaux. Cette perte même ne refluera-t-elle pas fur une foule d'autres Citoyens qui paroiffoient étrangers à nos Manufactures ; & comme le dit M. de Forbonnois, (*a*). *La dépenfe de 60 à 80000 ouvriers qui feront fans emploi, ne fe trouvera-t-elle pas de moins, chez tous ceux qui fourniffoient à leur nourriture, à leur habillement, à leur logement?*

Mais, nous dira-t-on, ce n'eft point ôter au Peuple fon travail que d'en changer l'objet ; on auroit raifon fi l'on démontroit que les nouvelles Fabriques occuperont tous les bras qui feront enlevés aux anciennes ; mais cela ne peut être pour deux raifons, 1°. parce que, comme je l'ai dit, la main-d'œuvre des

______

(*a*) Examen des avantages, &c. p. 17.

Toiles Peintes exige beaucoup moins de foins & de travail que celles de nos autres étoffes. 2°. Parce que des Toiles Peintes qui fe confommeront dans le Royaume, la plus grande partie nous viendra des Pays étrangers.

Cette dernière confidération fuffit pour prouver, que même dans l'hypothèfe de notre Auteur, la ceffation du travail de nos Manufactures fera fubite, au lieu que les accroiffemens des nouvelles Fabriques par lefquelles on prétend remplacer le travail des anciennes, ne feront que lents & fucceffifs. Dès que le port des Toiles Peintes fera autorifé par une Loi générale, toutes ces Toiles entrant en France, feront dans le moment même un playe irréparable aux Fabriques de Lyon, de Tours, de Nifmes, & de Rouen. L'étranger fe hâtera d'importer chez-nous tout ce que nous n'aurons pas encore eu ni le tems ni le moyen de fabriquer & de perfectionner ; ce ne fera donc qu'à la longue, & après plusieurs années, que nos ouvriers oisifs se tourneront insensiblement vers les nouvelles Fabriques : Que sera-ce si elles n'ont pas réussi? Qu'arrivera-t-il si elles tombent dans le discrédit, soit parce qu'on ne pourra donner les Toiles Peintes à un prix qui souffre la concurrence avec l'Etranger, soit parce qu'elles n'auront ni la beauté ni la perfection de celles des Indes, soit enfin, parce que la mode en sera déja passée ? Il sera donc vrai de dire alors qu'un certain travail aura cessé, & n'aura point été remplacé par un autre. On se flatteroit envain de voir retourner au travail de la terre ces ouvriers qui n'ont jamais éprouvé l'ardeur du soleil : un dessinateur habile, un homme qui a passé vingt ans dans une Fabrique de soye seroit un très-mauvais cultivateur. Seroit-ce pour le rendre à l'agriculture qu'on voudroit lui ôter la ressource d'un autre travail ? Croit-on augmenter le nombre des labou-

reurs, en diminuant celui des Manufacturiers? Ce feroit fe tromper. On l'a déja dit,
plus le Peuple travaille, plus il confomme,
& plus la terre eft cultivée. Jugeons-en
par l'expérience des Provinces, où l'induftrie eft le plus occupée, & où les Manufactures font les plus abondantes. Voici
en quels termes M. de la Bourdonnaye,
(*a*) Intendant de Normandie, écrivoit
à M. le Contrôleur général, le 18 Janvier 1755 : *Nos Manufactures de Coton
feules, (car je ne parle pas des autres,
quoique plufieurs puiffent avoir rapport à la
queftion préfente,) produifent, année commune, une valeur de plus de 30 millions. . . .
Non - feulement elles occupent la ville de
Rouen & les environs, mais elles s'éten-
dent dans les campagnes jufqu'à 15 & 18
lieues de certains côtés : elles font vivre,
par conféquent, une multitude infinie de*

___

(*a*) Cette lettre avoit pour objet, de fe
plaindre de la tolérance des Toiles Peintes
qui commençoient à s'introduire.

perſonnes. Lorſque je vins ici il y a près de 23 ans, elles n'étoient pas le tiers de ce qu'elles ſont : je voyois une crainte preſque générale, déja établie, que la multiplication des Manufactures ne fît tort à la culture des terres. Les Manufactures ſont triplée depuis : & non-ſeulement je ne connois aucunes terres dans ma Generalité, qui aient été abandonnées, ou plus mal cultivées, mais j'ai vû bien des endroits incultes autrefois, défrichés depuis ce nombre d'années, & qui rapportent à préſent des productions proportionnées à leur ſol. . . . Seroit-il prudent, ajoûte cet homme d'Etat, de perdre ou d'anéantir tout cela pour acquérir une nouvelle branche de Commerce, dont le ſuccès feroit ſeulement probable ? non aſſurément, &c.

Ce que M. de la Bourdonnaye dit de la Normandie, on peut le dire de la Tourraine, qui pleine de Manufactures, eſt cependant ſi cultivée, qu'il n'y a pas un ſeul coin de terre en friche. On peut le dire du Lyonnois & des autres Pays où le Peuple trouve à s'occuper dans différentes Fabriques. Quelles sont les Provinces où la culture est abandonnée, & où il est le plus difficile au Gouvernement de faire des recrues d'hommes, ce sont celles où l'on ne voit ni Manufactures ni Commerce. Tant il est vrai, que dans tout Etat policé, l'on verra trois choses, toujours marcher d'un pas égal ; l'industrie des Fabriquans, l'activité des Laboureurs, & la multiplication des Habitans.

Concluons avec M. de la Bourdonnaye, que plus il y a de Citoyens occupés au travail, plus la consommation est grande, plus la circulation est par conséquent rapide, plus les hommes se multiplient, & plus la terre est cultivée. Or, nous avons démontré que la consommation sera moindre en France, lorsque l'usage des Toiles Peintes aura été substitué à celui des autres étoffes qui de-

mandent plus de travail & plus d'induſtrie, qui occupent plus de bras, qui
nourriſſent plus de Citoyens, & qui
occaſionnent plus de mouvement dans
l'argent. Donc, le port & l'uſage des
Toiles Peintes eſt nuiſible au Commerce
intérieur. Point d'équivoque ici. Quand
nous diſons que le travail ſera moindre,
nous n'entendons point le travail de
telle ou telle Fabrique en particulier;
mais la ſomme totale du travail national. Les gens les plus prévenus en faveur
des Toiles Peintes, ne nieront point que
les nouveaux établiſſemens que l'on projette ne diminuent ce travail. Le diroit-
on? C'eſt même cette diminution qui
fait un des motifs qu'ils alléguent. Tant il
eſt vrai que la plûpart des hommes, confondant la petite commodité particulière
avec l'avantage général, raiſonnent ſur
l'Etat comme ils raiſonneroient ſur eux-
même, & concluent de ce qu'ils ſe re-
garderoient comme heureux ſi on les

exemptoit du travail , que moins les Peuples auroient à faire , plus ils feroient à
leur aife.

Après ce que je viens de dire , fi je
n'écrivois que pour les hommes éclairés ,
& pour le Confeil , qui doit juger la queftion, je ne prendrois pas la peine de répondre à une petite objection qui eft dans
la bouche de toutes les femmes , & que
notre Auteur n'a pas manqué de recueillir , parce qu'il lui a fallu faire ufage de
tout : mais j'écris pour le Public , il faut
donc ne rien négliger.

N'eft-il pas injufte , nous dit-on , de
forcer le Peuple à s'habiller à grands frais,
lorfqu'il peut le faire à bon marché ?
N'eft-ce pas l'aifance de chaque Particulier qui fait l'aifance publique ?

1°. Dans le fait , eft-il vrai que les
Toiles Peintes préfentent un fi bon marché au commun du Peuple ? Le prix des
petites étoffes nationales qu'il peut acheter furpaffe-t-il celui des Toiles Peintes

que l'on voudroit y subftituer ? trois aunes
& demie de Siamoife à 50 fols, dix aunes
de Toiles rayée, ou à carreaux à 24 fols,
habilleront une femme plus folidement que
les Toiles Peintes. Or, il n'y a aucunes
de celles-ci qui foit à fi bon marché. Ce
n'eft point la modicité du prix ; c'eft la
mode, c'eft une certaine vanité qui rend
les femmes du menu Peuple fi curieufes
de Toiles Peintes. Habillées de Siamoife
ou de Toiles de Coton, elles ne peuvent
fe comparer qu'aux femmes de leur Etat.
Ont-elles une robe de Toile Peinte à
Genêve ou en Angleterre ? elles fe
croyent au-deffus de leur condition, parce
que les femmes de qualité portent auffi
des Toiles Peintes : ainfi, c'eft parmi
nous le luxe vice, qui s'oppofe au luxe
richeffe.

2°. Quand il feroit vrai que l'on paye-
roit les étoffes nationales un peu plus
cher que les Toiles Peintes, feroit-ce une
raifon pour permettre celles-ci, & pour
faire

faire tort à celles-là ? Notre Auteur doit
se rappeller, que si nous avons consenti
à ne point donner l'intérêt du Commerçant pour une raison d'Etat , ç'a été aussi
à condition qu'il envisageroit lui-même
la richesse du Royaume , & non la commodité ou le petit intérêt du Particulier.
D'ailleurs , ce mot , *bon marché* est un
terme équivoque , & qui suppose une
rélation entre les prix actuellement exis-
tans. Il peut se faire que le prix de toutes
les denrées baisse , & que la Nation soit
plus pauvre & plus misérable. Si donc ,
les richesses que nos Manufactures produisent à l'Etat , si la circulation qu'elles
occasionnent dans l'argent , si la consommation qu'elles nécessitent donnent plus
d'aisance aux Particuliers ; ils acheteront
plus cher , & cependant seront plus à leur
aise : l'ingratitude ou l'ignorance seules
pourroient alors se plaindre. Vous aurez
payé une étoffe trois sols par aune de
plus que l'on n'eut payé une Toile Peinte;

L

mais la confommation générale vous rendra au double ce que vous croirez avoir
dépenfé de trop.

Concluons que le défenfeur des Toiles
Peintes entend bien mal les intérêts de
notre Commerce intérieur, lorfqu'il
avance avec confiance (a) que le Gou-
*vernement doit regarder comme très-indif-
férente la profpérité de telle ou de telle Manufacture en particulier, dès qu'il ne s'agit
que d'une confommation intérieure. Il eft
faux*, dit-il ailleurs, *qu'il faille fixer le
confommateur régnicole vers les Manufactures. Le Gouvernement ne doit pas prendre
un grand interêt à ce que nos Manufactures de foye travaillent plus ou moins pour
la confommation intérieure. Que lui importe,
ajoûte-t-il, que Pierre ou Jacques gagne
l'argent que Paul dépenfe ; ou que Paul dépenfe plus ou moins?*

Oui fans doute, il importe au Gouvernement de protéger non tel ou tel Parti-

____

(a) Pag. 107.

culier, mais telle ou telle Manufacture
qui emploie un plus grand nombre
d'hommes, & qui produit dans l'intérieur
du Royaume une consommation plus
abondante, & une circulation plus continuelle. De deux Fabriques, le Ministère
se croit toujours intéressé à conserver
ou à établir par préférence celle qui employera le plus de travail & d'industrie ;
& s'il lui est égal que ce soit Pierre ou
Jacques qui gagnent l'argent que Paul
dépense, il ne lui est point indifférent
que Paul dépense plus ou moins : il doit
souhaiter que tous les Citoyens dépensent
beaucoup, pourvû que ce soit sans fraude
& sans ruine ; donc, quand il seroit vrai
que les Toiles Peintes ne feroient que
diminuer notre consommation intérieure,
ce seroit toujours un mal qui doit déterminer le Gouvernement à ne les point
permettre.

L ij

Mais ne feront-elles que ce mal ? Ne nuiront-elles point encore à l'exportation qui fait notre richesse relative ? Seconde question , & aussi importante que la première.

CHAPITRE VIII.

L'usage & la Fabrique des Toiles Peintes nuiront à nos exportations.

IL doit paroître évident à tout esprit raisonnable, que moins une Nation fabriquera d'étoffes d'une certaine espèce, moins elle en exportera chez les Etrangers.

L'Apologiste des nouveaux projets conteste cette proposition, & voici qu'elle est sa preuve.

L'Etranger avec lequel nous faisons un Commerce suivi, habite un Pays où les Toiles Peintes sont permises & communes : il n'en vient pas moins acheter nos étoffes. Donc, la libre fabrication des Toiles Peintes en France ne procurera aucune diminution sur la quantité

que nous avons coutume de lui vendre (*a*).

Ici, comme on le voit, on convient
très-formellement , que nous n'exporterons point nos Toiles Peintes : & c'eſt
pour cette raiſon que l'on ſoutient que
nous continuerons d'exporter nos ſoye-
ries. Examinons la juſteſſe de ce raiſonnement.

Deux choſes concourent à produire une
abondante exportation de nos étoffes.

1°. La néceſſité de s'adreſſer à nous,
faute de pouvoir trouver ailleurs ou la
même quantité , ou la même perfection.
2°. Le profit que l'Etranger peut faire
lui-même ſur nos étoffes, vû le bon marché relatif.

Donc , ſi la perfection de nos ouvrages
diminue, ſi leur prix augmente, ſi le goût
de l'Etranger ſe paſſe, s'il peut trouver
ailleurs ou à prix égal, ou même à un

____

(*a*) Pag. 104 & 105.

moindre prix, ce qu'il venoit chercher en France, notre exportation diminuera néceſſairement.

En 1686, l'émigration d'une ſoule d'artiſtes & d'ouvriers qui ſe crurent obligés de quitter le Royaume, procura à nos voiſins & à nos rivaux des reſſources qu'ils n'avoient point encore. Notre induſtrie paſſa les mers : elle forma ailleurs ces établiſſemens, utiles qui ont toujours eu l'ambition de nous égaler, & même de nous ſurpaſſer.

La réflexion & l'expérience ont appris aux Nations qui nous environnent, que pour être puiſſant, il faut être riche. L'eſprit de l'Europe s'eſt tourné vers le Commerce : nos voiſins ont le même point de vûe que nous ; tous les Etats de l'Europe raiſonnent ſur le même principe. Chacun veut accroître ſon Commerce, chacun veut augmentér le travail de ſes Peuples & la ſomme de ſes exportations ; l'Eſpagne a établi des

L iv

Manufactures , & a défendu la sortie de
ses soyes : le Roi de Prusse appelle nos
Arts , invite nos ouvriers , leur propose
des récompenses : & jusqu'en Russie , où
il se fait une si grande consommation
des étoffes les plus riches de l'Europe ,
on songe à former des Manufactures. A
l'imitation de l'Espagne , les Etats du
Pape , les Duchés de Parme & de Modène
ont défendu la sortie des soies grezzes.
Le Roi de Naples a depuis peu fait le
le même Règlement pour le territoire de
Messine. Ainsi , première vérité ; tous
les Etrangers ont les yeux sur nous pour
mettre nos pertes à profit , & pour s'enrichir de nos dépouilles.

I Seconde vérité ; si quelques Peuples
voisins nous ont égalé pour la perfection & pour la bonté des étoffes : nous
sommes restés jusqu'ici en possession du
goût des nuances & de l'élégance des
desseins : les Anglois en sont bien persuadés ; ils savent qu'ils n'ont rien à dé-

firer pour la perfection de leurs draps,
auſſi n'accordent-ils aucunes franchiſes
aux Drapiers Etrangers : il faut chez eux
être membre d'une Communauté pour
travailler en laine. Quant aux ouvrages
de ſoyes, tout Etranger qui voudra y
travailler n'a pas beſoin de maîtriſe, il a
la liberté de venir s'établir dans les
Fauxbourgs de Londres.

Troiſième vérité, également certaine.
Quiconque a parcouru les différens Pays
de l'Europe où les Arts ſe perfectionnent,
& où les Manufactures s'établiſſent, ſera
en état d'atteſter que la plûpart des ouvriers qui y ſont employés, ſont des
François qui ſe ſont expatriés ; ce ſont
eux que le Gouvernement récompenſe,
c'eſt ſur leur travail & ſur leur induſtrie
qu'il fonde ſes eſpérances.

Donc, le ſeul moyen de conſerver
encore la ſupériorité dont nous jouiſſons
eſt de garder chez-nous nos ouvriers ;
s'il étoit poſſible de leur fermer la ſortie

du Royaume ; si loin de leur laisser la liberté de se transporter chez nos voisins, on pouvoit les attacher pour jamais par un redoublement de travail, & par de nouveaux encouragemens ; ce seroit un projet digne de la sagesse du Gouvernement, un projet qui n'exciteroit que la jalousie, & non l'espérance de nos rivaux.

Il est certain, en effet, que le Roi de Prusse est trop prudent pour voir sans intérêt 60 à 80000 ouvriers François réduits à l'indigence ; quels efforts ne fera-il pas pour en attirer une partie dans son Etat, lui qui a fait bâtir une ville qu'il destine uniquement au Commerce & au travail des Manufactures, & où l'un & l'autre commencent à fleurir? Croit-on que les Anglois, de leur côté, négligeront une si belle occasion, d'attirer chez eux ceux de nos dessinateurs qui seront en état de donner aux étoffes Angloises le dégré de perfection qui leur manque encore?

Concluons de tout ceci, que s'il y
eût jamais un tems, où il ait été dange-
reux de diminuer le travail de nos Fabriques nationales, c'est sans doute celui-
ci : nous pouvons être sûrs que nos
ouvriers ne demeureront point oisifs ;
l'appas d'une plus grande fortune, la
gloire de porter les Arts dans des Pays
où ils sont encore dans une espèce d'enfance, d'avoir ainsi part & aux faveurs
d'un Gouvernement étranger, & à la
reconnoissance des Peuples, poussera nos
Artistes jusqu'en Russie. L'Allemagne se
peuplera de Manufactures, l'Italie & l'Espagne perfectionneront les leurs.

Or, en partant même des faits dont
on convient avec nous, on ne peut se
dissimuler qu'une partie de nos Manufactures seront abandonnées dès qu'il sera
permis à tout le monde de porter des
Toiles Peintes. Car notre Auteur convient au moins que le travail de nos Fabriquans en soye diminuera d'une bonne

partie des étoffes quï se confomment dans l'intérieur du Royaume. Le feul reméde qu'il y trouve, confifte à fuppofer que nos ouvriers en foye s'occuperont, par la fuite, à faire des Toiles Peintes. Mais ces ouvriers n'attendront certainement pas pour chercher à vivre & à faire fortune, qu'ils ayent appris un nouveau métier, dont le fuccès fera du moins très-incertain pour eux. D'ailleurs, pour que la France foit inondée de Toiles Peintes, il ne fera pas néceffaire d'attendre que nos Manufacturiers oififs aient embraffé cette reffource ; qu'il y ait une ou deux Fabriques de ces Toiles établies, les Etrangers & la contrebande feront le refte; & avec ces deux Fabriques nationales, il fe vendra plus de Toiles Peintes en France que n'en pourroient fournir trente Manufactures. Donc, nos ouvriers continueront de n'avoir rien à faire, donc, ils iront chercher à travailler chez l'Etranger. Les fuites de ce mal ne font que trop palpables; & nous pouvons en juger par le préjudice qu'ont déja caufé à nos Manufactures les établiffemens de nos voifins.

Si l'Angleterre peut une fois atteindre la perfection de nos deffeins & la beauté de nos nuances, les Commerçans Hollandois qui viennent encore acheter nos étoffes pour les revendre dans le Nord, ne feront certainement pas tentés de venir à Lyon. Si la Pruffe a des Manufactures, la Ruffie & l'Allemagne tireront-elles des nôtres ce qu'elles en tiroient auparavant? Admettons que les Fabriques Allemandes foient encore quelque tems à fe perfectionner; du moins nous enleveront-elles la fourniture d'une foule d'étoffes plus communes? Peu-à-peu on perdra l'habitude d'en faire venir de plus belles. Va-t-on chercher *le mieux* à grands frais, lorfqu'on trouve chez foi à-peu-près le bien. Il eft donc fûr que notre exportation diminuera en raifon de

la perfection qu'acquéreront les Manufactures Etrangères.

Il y a plus, elle diminuera encore en
raison du moindre avantage que les Commerçans Etrangers trouveront alors à se
fournir en France. Un Négociant de Leip-
fik prenoit à Lyon 2000 pièces d'étoffes de
foye de toute espèce. Les frais du tranfport & de la commiffion se répartiffant
fur toutes ces pièces, il étoit sûr qu'en
les donnant à un certain prix il faifoit
encore un profit honête. Mais si ce Commerçant, qui n'a le débit que de 2000
pièces, en trouve dans les Fabriques de
Saxe & de Pruffe, 1500 des communes :
quel attrait pourroit l'engager alors à
faire venir de Lyon les autres 500 pièces,
pour le tranfport defquelles les frais feroient les mêmes, & dont le prix, en
Foire, augmenteroit par conféquent de
beaucoup. Mais le profit de l'Etranger
ne diminuera-t-il, qu'eu égard aux frais
de l'importation dans fon Pays ? Il eft

clair qu'il diminuera encore, relativement à l'augmentation du prix de nos
étoffes vendues en France. On foutient
contre nous, que la diminution de la
confommation intérieure fera baiffer ces
prix : rien n'eft plus faux : car plus il y
aura de Fabriquans Etrangers qui cour-
ront à l'achat des foyes, plus elles enché-
riront. On apportoit autrefois à Lyon
les foyes de tous les Pays du monde ;
aujourd'hui nous les allons chercher ; &
comme nous en prenons une plus grande
quantité, nous les avons à meilleur marché. Mais bien-tôt la plus grande concurrence en augmentera le prix ; nous
ferons obligés de hauffer celui de nos
étoffes ; dès-là, l'Etranger n'aura rien
à efpérer en venant acheter chez-nous :
nul profit fur la revente, fi elle fe fait
au même prix qu'autrefois ; nul débit
à faire fi on veut l'augmenter. L'Etranger
ceffera donc de faire venir ce qu'il y avoit
de plus parfait dans nos Manufactures,

& nous perdrons le débit, & des étoffes
qui auront pû être suppléés par les Fabriquans d'Allemagne, & de celles qui
ne se trouveront qu'à Lyon, mais sur
lesquelles le Marchand Etranger ne pourra
plus faire aucun profit. Donc, notre exportation décroîtra encore, en raison de
la diminution du bénéfice que les Etrangers gagnoient avec nous.

Nous disons, de plus, qu'elle décroîtra
en raison du découragement qui se mettra
parmi nos Fabriquans. C'est le désir de
gagner beaucoup qui anime l'activité du
Négociant : le Commerce du luxe exige
des avances considérables. La mise est
quelquefois énorme, & quiconque ose-
roit la hasarder, sans pouvoir parier dix
contre un, qu'il retirera & ses fonds, &
un intérêt raisonnable, pourroit être taxé
de folie. Or, nous soutenons que, le port
des Toiles Peintes une fois permises en
France, il n'y a pas un Fabriquant qui
puisse se flater de retirer ses fonds, & de
faire

fait la mode ; cet exemple est-il donc quelque chose de si difficile à diriger, suivant le plan d'une sage législation ?

Que l'on juge maintenant de la force des argumens que l'on nous oppose ; je viens de les parcourir tous : méritoient-ils une réfutation sérieuse ? Rétorquons donc contre notre adversaire l'unique raisonnement que contient son troisième chapitre. Il a dit : on ne peut empêcher l'introduction, parce qu'il est impossible de proscrire l'usage. Nous lui répondons ; rien n'est plus facile que de proscrire l'usage ; donc on empêchera, par la même voie, l'introduction qui, de votre aveu, est un mal. Quel attrait pourroit engager la contrebande à passer nos frontières, lorsqu'elle ne pourra ensuite faire un seul pas en sûreté ?

L'Auteur que nous réfutons, méconnoît donc le véritable état de la question, lorsqu'il vient nous dire (a) qu'elle

____

(a) P. 56.

E

se réduit à sçavoir, si la Loi prohibitive n'étant point exécutée, & les étrangers continuant de verser chez nous leurs Toiles Peintes, il ne seroit pas mieux d'en fabriquer & d'en peindre nous-mêmes.

En effet, si la question se réduisoit à ce point, il auroit déja perdu sa cause, puisque, pour la gagner, il lui faudroit démontrer qu'il est impossible que la Loi prohibitive s'exécute ; démonstration à laquelle il n'est point parvenu, & à laquelle heureusement il ne parviendra jamais.

Il faut convenir, que si les Loix prohibitives continuoient d'être méprisées, si le Gouvernement prenoit malheureusement le parti de fermer les yeux sur la licence qui introduit chez nous toutes les Toiles Peintes & toutes les Etoffes étrangères ; la permission de fabriquer des Toiles Peintes en France, seroit alors une diminution du mal.

Je dis une *diminution du mal*, & non

un *bien* ; car dans ce cas-là, les gains que nous ferions fur notre main-d'œuvre, feroient exceſſivement petits, au prix des fommes énormes par lefquelles nous payerions la main-d'œuvre des Etrangers. Il nous fera aifé en effet de démontrer dans la fuite, que dans cette hypothèfe, de toutes les Toiles Peintes qui fe confommeroient en France, il n'y en auroit pas un vingtième qui fortît de nos Manufactures.

Mais nous ne fommes pas encore réduits à choifir le moindre de deux maux néceſſaires, & ce n'eſt pas fur cette trifte alternative que roule aujourd'hui la délibération du Conſeil. Il s'agit de fçavoir fi les anciens Règlemens font un bien ; & s'ils en font un, il s'agit de les conferver.

Il fuit de tout ce que l'on vient de dire, que l'Auteur des *Réflexions* n'a rien prouvé dans les trois premiers Chapitres de fon livre.

****

CHAPITRE V.

Il nous est impossible d'établir en France des Manufactures de Toiles Peintes, qui obtiennent la concurrence avec les Toiles étrangères.

LE titre du quatrième Chapitre de notre Adversaire, annonce un fait qui paroît d'abord assez indifférent à la question, & qui mérite cependant d'être examiné avec soin par la nature des conséquences que l'on en tire. *On peut*, dit notre Auteur, *fabriquer en France des Toiles Peintes* ; s'il ne vouloit prouver que ce fait, il est sûr qu'il ne prouveroit point assez : car il n'est pas question de sçavoir si l'on peut fabriquer des Toiles Peintes en France, mais si ces Toiles foutiendront la concurrence avec celles de l'Etranger. Si vendues à plus bas prix, ou étant de meilleure qualité que celles de nos voisins, elles feront tomber la contrebande , & empêcheront l'introduction des Etoffes qu'elle nous envoie : enfin , si le profit que nous ferons sur ces Toiles, nous dédommagera de la perte que doivent souffrir nos autres Manufactures.

On ne peut trop observer ici, qu'il faut examiner toutes ces questions à la fois ; il ne s'agit pas de se décider sur la solution de l'une , & de remettre l'examen de la suivante à un autre tems. En effet, de quoi s'agit-il ici ? de faire un tort certain & présent à nos Manufactures. Que nous offre-t-on pour nous dédommager ? l'avantage futur , & les profits encore incertains d'une nouvelle Fabrique. Donc si le profit futur est égal à la perte présente, il faut, pour que l'entreprise soit seulement proposable , que le gain à venir soit aussi certain que la perte actuelle ; encore l'Etat perdroit-il dans cette hypothèse, tout ce que l'introduction des Etoffes étrangères lui enlevera d'argent , entre l'époque de la permission générale & le point de perfection & de fécondité , auquel la nouvelle Fabrique doit être portée , pour suppléer la diminution des retours que nous gagnons aujourd'hui sur la main-d'œuvre des soies.

Donc si , la perte présente étant certaine , le profit futur est encore incertain : il y aura de la témérité & de la folie même dans la nouvelle entreprise , à moins que les gains , que nous devons faire sur nos Toiles Peintes , ne surpassent assez ceux que nous perdrons aujourd'hui sur nos Etoffes , pour que l'espérance de cette augmentation de profit balance la témérité du risque que nous commencerons par courir. Un homme qui , jouant au dez , a fait un gain certain , ne remet pas au jeu ce qu'il a gagné , si une chance heureuſe ne peut que le lui conſerver , & ſi une chance malheureuſe peut le lui faire perdre.

Or nos adverſaires ne vont pas juſqu'à dire, que l'Etat conſidéré comme un Marchand, gagnera plus ſur ces Toiles Peintes, qu'il ne gagnoit ſur la portion des autres Etoffes qu'elles remplaceront. Ils ſe contentent , & c'eſt beaucoup pour eux , de nous faire enviſager une balance égale entre les pertes préſentes , & les profits que l'on nous fait enviſager dans l'avenir.

Donc, nous autres Fabriquans , qui préſentons à l'Etat un gain réel & certain , qui n'a fait qu'augmenter tant que les Toiles Peintes n'ont point été permiſes , & qui n'eſt diminué que depuis qu'on les a tolérées , nous ſommes en droit d'exiger au moins des Partiſans des nouvelles Fabriques , qu'ils faſſent enviſager à l'Etat , non-ſeulement un profit égal à celui qu'ils lui feront perdre , mais un profit également certain.

Ainsi admettons, s'il le faut, que l'on puisse fabriquer en France des Toiles Peintes, mais voyons si ces Toiles soutiendront la concurrence avec les Toiles étrangères.

Il est d'abord évident, que du moment que l'on aura permis en France l'établissement des nouvelles Fabriques, on ne sera plus le maître d'empêcher ni le port, ni l'introduction des Toiles Peintes étrangères.

Le port, parce que, lorsqu'une Toile Peinte sera devenue robe ou meuble, il ne sera pas possible de reconnoître si elle est de Fabrique de France, ou si elle est venue de celles de nos voisins : & s'il y avoit encore quelque moyen de les distinguer, c'est pour lors que l'inquisition seroit odieuse & impraticable.

L'introduction, parce qu'il est impossible de tracer autour de nos frontières, une ligne de circonvallation qui ferme exactement tous les passages à la contrebande ; il faudroit pour cela employer des armées, ou plutôt conſtruire un mur comme à la Chine. La fraude n'auroit donc chez nous qu'un pas à faire, un ſeul point à franchir, pour s'aſſurer de l'impunité.

Ainſi, dans l'inſtant même que l'on annoncera les nouvelles Fabriques, il ſe fera en France, & il ſe fera, malgré toutes les précautions du Miniſtère, une éfroyable irruption de toutes les Toiles Peintes étrangères; on peut en juger par celle qui s'eſt déja faite depuis que, ſous prétexte de quelques mauvaiſes Toiles, Peintes chez nous, on s'eſt cru obligé de tolérer le port de toutes les autres. Pour les faire tomber, il n'y aura qu'un ſeul moyen; ce ſera de donner les nôtres à meilleur marché : le pourrons-nous faire ?

Il n'y a perſonne qui ne ſçache, qu'il faut aux établiſſemens du tems & des dépenſes conſidérables, non - ſeulement pour ſe perfectionner, mais même pour ſe former. De là la chûte de tant d'entreprises qui ont commencé par ruiner leurs Auteurs, & qui après avoir échoué une première fois, n'ont été, pour ainsi dire, ressuscitées, que par les efforts d'une industrie infatigable. Si l'établissement n'est combattu que par les difficultés qui naissent de sa nature, tôt ou tard on vient à bout d'en triompher : les obstacles que le travail peut vaincre ne sont jamais insurmontables.

Mais si l'obstacle est tel, qu'il croisse dans la même proportion des efforts qu'on fait pour lui résister, on ne peut se flatter de l'applanir : développons cette idée, & faisons-en l'application. Il est certain que l'établissement & l'entretien des nouvelles Manufactures, suppose le débit des Toiles Peintes qui en sortiront ; ce n'est qu'à l'aide de ce débit, que les Entrepreneurs seront en état de faire face aux dépenses, & de soutenir l'industrie & le courage des Fabriquans. Il est également certain, que ces premières

Toiles Peintes ne pourront être données
à un prix auſſi médiocre, que celles qui
ſe fabriqueront quand la Manufacture
ſera perfectionnée, & les premières dépenſes faites. Voilà l'obſtacle qui naît de
la nature de l'entrepriſe ; on viendroit
à bout de le ſurmonter, parce que tout
ce qui en réſulteroit, s'il étoit ſeul ;
c'eſt que les Entrepreneurs gagneroient
peu, ou même perdroient quelque choſe
dans les commencemens.

Mais voici un autre obſtacle qui naît
d'une cauſe étrangère : c'eſt qu'à meſure
que cette Manufacture naiſſante fera des
efforts pour ſe procurer quelque débit,
les Toiles étrangères viendront en ſoule
le lui enlever. Des Entrepreneurs peuvent ſe réſoudre à perdre une ou deux
années ; mais s'ils perdent trois, quatre &
cinq ans de ſuite, ils ſont forcés d'abandonner le projet ; & c'eſt ce que l'on a
vû déja arriver à pluſieurs Manufactures,
dont on avoit d'abord conçû les eſpé-

rances les plus flateuſes : ainſi l'établiſſement des nouvelles Fabriques ne tour-
nera qu'à l'avantage de la contrebande.
Elles ne ſerviront qu'à lui procurer l'impunité. Diſons quelque choſe de plus,
les magaſins de ces nouvelles Fabriques
deviendront eux-mêmes les magaſins des
Toiles Peintes étrangères, auſquelles il
ne faudra que mettre un plomb pour les
vendre comme Toiles nationales. Peut-
on douter que les Entrepreneurs n'ayent
recours à cette reſſource, l'unique qu'ils
puiſſent ſe procurer, & à l'aide de laquelle ils puiſſent eſpérer quelques profits ?

Entrons ici dans quelque détail : cette
matière exige, & de la méthode, & des
calculs.

Ou nous employerons dans les nouvelles Fabriques nos propres Toiles, ou
nous nous ſervirons de celles que nous
ferons venir des Pays étrangers. Dans le
premier cas, nous gagnerons la main-

d'œuvre de la Toile, & celle de l'impreſſion ou de la teinture ; dans le ſecond, nous ne gagnerons que cette ſeconde main-d'œuvre.

Or, dans la première hipothèſe, il nous ſera impoſſible de donner nos Toiles à un prix auſſi bas que l'on achetera celles qui nous viennent, & des Indes, & des autres Pays étrangers.

Je dis d'abord qu'il ſera impoſſible d'établir la concurrence avec celles des Indes. La preuve s'en tire, de ce que notre Adverſaire, en employant les calculs les plus évidemment faux, n'a pu donner à nos Toiles un prix qui fût au-deſſous de celui auquel nous reviennent celles de l'Inde.

Suivant ſon calcul, les Garats ne doivent revenir en blanc qu'à 22 ſols l'aune, (a) & les Mouſſelines, façon de Zurrich, fabriquées à Lyon, à 57 ſols.

____

(a) P. 78.

Après l'état des dépenses, qui, selon lui, suffisent pour la fabrication, il croit trancher toute difficulté, en assurant que les Entrepreneurs des nouvelles Fabriques s'engageront à donner les Garats à 26 ou 27 sols, les Guinées à 40 ou 42 sols, & les Baffetas à 3 livres & 3 livres 2 sols.

On n'examine point ici si ces nouveaux Entrepreneurs méritent une entière confiance de la part du Ministère : mais on veut qu'ils réalisent leurs offres. Dans ce cas là même, ils n'établiroient point la concurrence entre leurs ouvrages, & les mêmes Toiles achetées de la Compagnie des Indes. Que l'on consulte en effet les différentes ventes de cette Compagnie, depuis 1749, jusqu'en 1753. On verra qu'elle n'a vendu les Garats que 20 & 21 sols l'aune, les Guinées que 30 à 35 sols, & les Baffetas que 43 à 48 sols. Donc, nulle concurrence à espérer ; quand même les offres de nos Entrepreneurs feroient acceptées, garanties, & exécutées.

Il y a plus : la main-d'œuvre de ces Toiles eft à fi bon marché dans l'Inde, la fubfiftance des Peuples du Pays y coûte fi peu, & le premier achat y eft par conféquent à fi bas prix, qu'il ne tiendra qu'à la Compagnie, de baiffer encore celui de fes Toiles, & qu'elle pourra, en tems de paix, donner à 15 fols l'aune, les Garats qui font à l'ufage du Peuple. Si elle ne le fait pas, les autres Compagnies Européennes le feront quand elles le voudront. Le plus fort falaire d'un ouvrier Malabar, eft d'un demi fanon, c'eft-à-dire, d'un peu moins de trois fols de notre monnoye. On le paye encore moins cher quand le ris eft plus commun. Cet Indien dort, il eft vrai, une heure tous les jours, après midi ; mais cela ne l'empêche pas de travailler dix heures par jour. Et il travaille pendant 365 jours de l'année ; au lieu que

nos ouvriers n'en employent pas 280.
Voilà pour la main-d'œuvre. À l'égard
de la matière première, elle coûte à
Surate 22 à 25 liv. le *man*, qui est un
poids de 75 livres. On l'achete à Bengale
un peu plus cher, mais le prix, année
commune, ne passe pas 37 liv. Or, en
ne fixant nos Cotons qu'à 200 liv. le
cent, il est évident que ce qui nous
coûte chez nous 300 liv. (*a*) ne coûte
dans l'Inde que 74 liv. au plus. Or, si
l'on fait attention à la prodigieuse quantité de Toiles de Coton que la Compagnie des Indes apporte tous les ans,
on verra que les frais de transport ne
doivent pas faire un objet considérable
sur chaque pièce de Toile. Que devient
alors la concurrence avec les nôtres ?

Mais examinons même les calculs que

______

(*a*) Nous raisonnons toujours ici dans l'hipothèse de l'emploi de nos cotons ; hipothèse
que font tant valoir les Partisans des Toiles
Peintes.

l'on

l'on nous oppofe. Je viens de les fuppofer vrais. Que fera-ce, s'ils font démontrés faux.

On avance d'abord que les Garats n'ont que $\frac{1}{4}$ de large, au lieu qu'ils ont $\frac{7}{8}$; auffi n'y a-t-il jamais eu une pièce de Garats qui ne péfât cinq livres. Notre Auteur les réduit à 4 liv. Il fuppofe enfuite que la filature des 4 liv. ne coûtera que 4 francs. Or, comme il eft démontré par expérience, que la meilleure fileufe ne peut filer, pour la fabrication des Garats, que trois onces par jour; il faut abfolument que les nouveaux Entrepreneurs ayent des fileufes qui ne gagnent que 2 fols 6 den. par jour, ce que l'on doit regarder comme impoffible, même dans les campagnes. Les fileufes de la campagne qui travaillent pour la Manufacture du Puy, en Vellay, gagnent depuis 4 à 5 fols, jufques à 8 & 10, fuivant la nature & la fineffe de leur fil.

G

Notre Auteur réduit encore la main-d'œuvre du Tisserand à 4 liv. 10 sols. Mais le plus habile dans ce métier ne peut faire par jour qu'environ deux aunes de garats, à $\frac{7}{8}$ de large ; donc cet ouvrier, en ne gagnant que 4 liv. 10 sols, pour la pièce de 16 aunes, ne seroit payé qu'à raison de 10 sols 6 den. par jour, & perdroit encore les 10 heures, au moins, qu'il est obligé d'employer à ourdir & à passer sa chaîne dans le rost. Or, il est constant que dans les Provinces où les subsistances & la main-d'œuvre coûtent le moins ; un Tisserand ne peut gagner moins de douze sols par jour. *

Rétablissons d'après ces observations le véritable prix des Garats, sur le pied

---

* Nª. Dans le Chap. VI. notre Auteur oubliant tout ce qu'il dit ici, porte le salaire du Tisserand à 30 sols, & celui des Fileuses à 10 sols. Si le calcul qu'il admet alors étoit juste, les 16 aunes de garats reviendroient à 45 liv. 10 sols, ce qui fait un peu plus de 50 sols l'aune.

des pièces ordinaires de seize aunes à $\frac{7}{8}$ de large.

1°. Cinq livres de Coton, à 260 liv. le cent, qui est le prix courant aujourd'hui, * 11 10

2°. Filature des cinq livres, à cinq sous par jour, ce qui fait trente sols par liv. 7 10

3°. Façon du Tisserand, ourdissage, & tramage . 6 12

4°. Blanchissage, . . 1 10

Total, 27 2

Cette somme divisée par 16 , rend 39 sols, ce qui sera le prix auquel reviendront nos Garats. Que l'on compare ce prix avec celui auquel nous les achetons de la Compagnie des Indes ; encore ce prix de trente-neuf sols est-il le plus bas auquel on puisse les fabriquer.

* On Convient que pendant la paix il peut ne coûter que 200 liv. mais alors aussi la Compagnie des Indes baisse le prix de ses Toiles.

On nous annonce avec auſſi peu de vérité, qu'il en règne dans les calculs, dont l'inexactitude vient d'être prouvée, qu'il s'eſt fabriqué au Puy en Vellay des Garats par quatorze aulnes de longueur ſur ſept huitièmes de large, & qui n'ont coûté que douze livres dix ſols la pièce, c'eſt-à-dire, environ dix-huit ſols l'aune.

Pour donner une juſte idée de la confiance que l'on doit aux aſſertions de notre Adverſaire, nous allons puiſer nos preuves dans cette Manufacture même. Les Fabriquans de Lyon & de Rouen, n'ont rien négligé pour ſe procurer les éclairciſſemens dont ils avoient beſoin pour la réfutation que nous avons entrepriſe : ils ont envoyé ſur les lieux des Obſervateurs exacts & intelligens ; ils ont conſulté les Entrepreneurs, les Directeurs, les Ouvriers même de cette Manufacture : & voici le réſultat de la vérification qu'ils ont faite.

1°. Il n'eſt pas vrai, comme notre Au-

teur l'avance avec tant de confiance, que
la Manufacture du Puy en Vellay ait
donné, ou ait été en état de donner pour
douze livres dix fols des Garats de quatorze aunes fur fept huitièmes de large. Les
Entrepreneurs & les Directeurs de cette
Fabrique, ont été révoltés & indignés
par la fauffeté de cette allégation qu'ils
ont lûe dans l'Ouvrage que nous réfutons.
Ils connoiffent, & ils ont même nommé
celui qui, par cette déclaration infidèle,
a ofé en impofer au Miniftère fur l'état
& fur les progrès de cette Manufacture :
cet homme eft un ancien Directeur, que
l'on ne veut point ici dèshonorer en le
nommant. Lorfque ceux qui font à la tête
de cette Fabrique fe font plaints à lui de
ce menfonge, il leur a répondu qu'il
étoit néceffaire d'y avoir recours pour
accréditer l'établiffement, & que c'étoit
le feul moyen d'obtenir du Confeil des
gratifications.

2°. Avec la même bonne foi qu'ils

G iij

ont accufé l'impofteur , les Directeurs ac-
tuels ont rendu un compte fincère & de
l'état & du travail de leur Fabrique, & des
prix de leurs Toiles. Cette Manufacture
eft compofée en tout de quarante-cinq
mêtiers , dont dix ne font point occupés : elle employe du Coton de nos Ifles
que l'on file au fufeau à la ville & dans
les campagnes. Le moindre falaire que
l'on donne à une fileufe de la campagne
eft de quatre ou cinq fols par jour , mais
celles qui filent le mieux ont jufqu'à dix
fols ; enforte que l'on ne fe trompera point
en fixant le prix commun du filage à fix fols.

Le coton le plus fin y eft employé à
faire des Mouffelines communes , qui fe
vendent fur les lieux depuis vingt-fept
livres jufqu'à foixante livres la pièce de
huit aunes. On fe fert des rebuts du Coton
pour faire des Toiles, dont on défigne
les plus fines par le n°. 1. & ainfi en
décroiffant jufqu'au n°. 3. Mais jufqu'à
préfent, on fabrique peu de ces Toiles ;
& lorfqu'on a été vifiter la Manufacture

de trente-cinq métiers, qui travailloient,
il y en avoit trente-quatre montés en
Mousseline, & un seul monté en Toile
du nº. 3. Il est vrai que les Entrepreneurs offrent de faire des Toiles, si on
leur en demande, mais ils exigent qu'on
les leur paye comptant, celles du nº. 1.
1 liv. 15 sols l'aune, celles du nº. 2. 1 l.
11 sols 6 den. celle du nº. 3. 1 liv.
9 sols ; le tout sur trois quarts de large.

Ces Toiles sont de quinze aunes &
demie ou trois quarts ; & les Garats ou
nº. 3. pésent cinq à six livres, & les
autres qualités à proportion. Un Métier
peut en fournir par mois deux pièces du
nº. 1. deux pièces & demie du nº. 2. &
trois pièces du nº. 3 ; au reste, les ouvriers Suisses, que cette Manufacture
emploie, en font beaucoup davantage,
& la fourniture augmentera à mesure que
les ouvriers du Pays s'accoutumeront au
travail. Le salaire du Tisserand se paye
à l'aune : on lui donne depuis quatorze
jusqu'à quinze sols par aune de Mousse-

line, quatre fols par aune de Garats, ou n°. 3. fix à fept des Baffetas, ou n°. 2. & huit à neuf des Guinées, ou n°. 1.

On peut voir par ce détail, combien les calculs de l'Auteur, que nous réfutons, font éloignés de la vérité. Si on l'en croit, une Toile propre à l'impreffion peut ne revenir qu'à vingt-deux fols l'aune, & l'on en a même fabriqué au Puy en Vellay, qui n'ont coûté qu'environ 18 fols l'aune fur fept huitièmes.

Cette Manufacture du Puy, en Vellay, eft donc, fuivant cet Ecrivain, celle qui peut donner fes Toiles au meilleur marché : or, il eft actuellement vérifié que les Toiles les plus communes & les plus groffières, fabriquées dans cette Manufacture, y reviennent à 1 liv. 9 fols l'aune, fur trois quarts.

Encore doit-on obferver ici, que ce prix eft le plus bas auquel les Entrepreneurs puiffent les donner. En effet, jufqu'ici ils n'ont fabriqué ces Toiles que pour employer les rebuts du Coton dont ils font leurs Mousselines ; cela est si vrai, que sur l'objection qui leur a été faite, qu'ils devoient baisser le prix de leurs Toiles, si ils y employoient du Coton du Levant, qui est à meilleur marché, ils ont répondu qu'ils en avoient fait quelques pièces de cette qualité, qui leur revenoient à vingt-trois sols l'aune, même avant le blanchissage.

C'est avec aussi peu de réflexion que l'on nous cite l'établissement de Mr Jaure à Rouen : M. Jaure n'en a fait aucun : il a essayé de faire fabriquer quelques échantillons de Mousselines, mais elles n'ont point réussi, & il en est resté là.

Quant à la prétendue Manufacture de Saint-Chaumond, on l'a aussi visitée. Elle est composée de dix Métiers, dont deux seuls sont occupés. Il est vrai qu'au moment que l'on écrit ceci, on travaille à en monter un troisième, destiné à fabriquer un ameublement en satin, soye, &

coton, pour l'Entrepreneur qui va réfi-
der à Lyon ; mais un fait certain, c'eſt
que tout l'hiver dernier cette même Fabrique reſta dans l'inaction, & qu'il lui
eſt impoſſible de ſe ſoutenir plus long-
tems.

Au reſte, ſans entrer ici dans tous ces
détails, que l'on ne s'eſt permis que pour
prouver la fauſſeté des aſſertions de notre
Adverſaire ; eſt-il ſur cette queſtion de
fait une règle plus ſûre que l'expérience ?

Rien n'eſt plus facile, nous dit-on,
que d'établir la concurrence entre nos
Toiles de Coton & celles des Indes : ſi
cela eſt, pourquoi preſque toutes les
Toiles de Coton qui s'achètent dans le
Royaume nous viennent - elles de la
Compagnie des Indes ? Pourquoi cette
Compagnie en fait-elle venir tous les
ans 250000 pièces, tant *Garats* que
Guinées, *Baſſetas*, *Salempouris* & *Caſes*
de toutes eſpèces, dont une grande partie
entre dans le Royaume, quoi qu'on ait

mis sur toutes ces Toiles, qui sont achetées par les Régnicoles, un droit de
40 liv. pour cent pésant. N'est-ce que
d'aujourd'hui que l'on a observé qu'il
seroit avantageux à l'Etat de gagner
nous-même la main-d'œuvre de ces Toiles, au lieu de la payer aux Indiens?
Donc le prodigieux débit qu'en fait la
Compagnie, prouve qu'il a été jusqu'ici
impossible d'établir la concurrence.

Mais, nous répond notre Auteur, si
l'on veut faire fleurir nos Fabriques de
Toiles de Coton, il faut en faciliter la
consommation. Or, le moyen le plus sûr
pour y parvenir est d'en permettre l'impression. La réponse est simple & facile,
ce n'est pas la consommation qui nous
manque ; cette prodigieuse quantité de
Garats, de *Guinées*, de *Baffetas*, de *Salempouris*, & de *Cafes*, que l'on voit
employées en rideaux, en camisoles, en
doublures, en jupons, prouve que rien
n'est plus universel que l'usage de ces

Toiles. Donc ſi nous pouvions établir la concurrence, le défaut de conſommation n'eût point découragé nos Entrepreneurs : ils auroient au moins fabriqué aſſez de ces Toiles pour ſuppléer à l'énorme quantité que nous en tirons des Indes ; donc, ſi cela n'eſt pas fait, c'eſt que la concurrence a toujours été impoſſible.

Au reſte, que l'on redouble d'efforts ſi l'on veut, que l'on faſſe de nouvelles entrepriſes, que des Compagnies plus riches & plus conſtantes établiſſent des Manufactures de ces ſortes de Toiles de Coton ; qu'ils cherchent par-là à diminuer, ou, s'il ſe peut, à ſuppléer entièrement le nombre de celles qui nous ſont vendues par la Compagnie des Indes ; cette entrepriſe ſera louable, & ne pourra être qu'utile, parce qu'elle encouragera la culture de notre propre ſol, & diminuera chez-nous l'importation des marchandiſes étrangères. Mais ſi cette importation est un mal, pourquoi se prêter à de nouveaux projets, qui la rendent plus facile & plus abondante ? Or, il est démontré que les Fabriques d'impression doivent nécessairement augmenter l'importation des Toiles étrangères, 1°. parce que nos Fabriquans trouveront toujours beaucoup mieux leur compte à imprimer ou à peindre sur des Toiles des Indes que sur les nôtres. 2°. Parce que, comme nous l'avons dit plus haut, dès que les Toiles Peintes seront permises, les Toiles Peintes, & imprimées en Pays étranger, abonderont dans le Royaume, sans qu'aucunes précautions puissent jamais l'empêcher.

Il est donc prouvé par les faits, que si nous voulons employer nos propres Toiles de Coton dans les nouvelles Fabriques d'impression, nous n'avons nulle concurrence à espérer avec les Toiles des Indes ; parce que les Toiles blanches, fabriquées chez-nous, nous reviendront beaucoup plus cher que celles que nous vendra la Compagnie des Indes.

Il eſt aiſé d'établir, en ſecond lieu, que nous ne pourrons nous procurer cette concurrence avec les Toiles Peintes dans les autres Etats de l'Europe.

Ces Etats ſont, la Hollande, l'Angleterre, & les Suiſſes.

A l'égard de l'Angleterre & de la Hollande, toutes les Toiles de Coton qui s'y impriment, & qui s'y peignent, viennent des Indes. C'eſt un fait qui peut être atteſté par tous les Commerçans Anglois & Hollandois, & que nous ſommes en état de prouver. Il ſuit de là que l'une & l'autre Nation, en ſuppoſant les frais de l'impreſſion à peu-près égaux, & dans leur Pays, & dans le nôtre, doit donner ſes Toiles Peintes à beaucoup plus bas prix que nous ne pouvons donner celles de nos Fabriques, où nous aurons employé des Toiles de notre crû, que nous avons démontré être beaucoup plus chères.

Si cela eſt, nous dira-t-on, les Anglois & les Hollandois entendent donc
bien mal leurs intérêts lorſqu'ils portent
tant d'argent aux Indes, pour ne gagner
ſur ces Toiles, avec l'Etranger, que le
bénéfice du Marchand, & la main-d'œuvre de l'impreſſion.

Diſtinguons bien, entre les Anglois
& les Hollandois. Par rapport aux premiers, nous dirons avec un Auteur qui
a ſçu approfondir toutes les queſtions de
Commerce. (*a*) Que *tout bon François
peut ſouhaiter avec confiance qu'il ſe conſomme en Angleterre dix ou douze fois
autant de Toiles de Coton des Indes ; car
ſi leurs Manufactures n'en ſouffrent point,
il n'en ſera pas moins vrai, qu'alors il
ſortira de ce Pays dix ou douze fois autant
d'argent pour cette partie du luxe étranger
qu'à préſent.* Oui, ſans doute, les An-

____

(*a*) M. de Forbonnois, Examen des avantages & des déſavantages de la prohibition des
Toiles Peintes, pag. 100.

glois ont mal entendu leurs intérêts dans
cette partie de leur Commerce. Leurs
Manufactures de laine sont considérablement affoiblies, & ils ont, ou diminué
leur travail national, ou manqué de l'augmenter autant qu'ils l'auroient pû. Leurs
Ecrivains les plus judicieux s'en plaignent depuis quinze ans, & il n'est pas
nécessaire d'avoir recours à des démons-
trations Géométriques pour prouver,
que plus ils importent chez eux de Toiles étrangères, plus ils diminuent leur
main-d'œuvre, plus ils exportent d'argent pour payer celle des Indiens.

A l'égard des Hollandois, leur situation
est différente. Ils sont, à proprement parler, les Commissionnaires de tous les Peuples, & leur industrie nationale est moins
dans la Fabrique que dans l'échange des
marchandises. Comme ils ne peuvent tirer
de leur Pays la matière première de leurs
Toiles; peu leur importe qu'ils la prennent
dans l'Inde ou ailleurs ; ils trouvent
même

faire, sur son ouvrage, le profit dont l'espérance seule a pû animer ses efforts.

La consommation intérieure de nos anciennes étoffes doit diminuer. C'est un point avoué entre nous. Mais jusqu'à quel dégré diminuera-t-elle? Quel est le Fabriquant, ou assez habile, pour résoudre ce problême, ou assez hardi pour faire des grosses entreprises sans l'avoir résolu? Cette solution ne dépend-elle pas d'une foule de calculs actuellement impossibles? Comment combiner ensemble des effets qui doivent être le résultat, & des goûts variables de la multitude, & du caprice de nos femmes, & du succès, pour le moins très-incertain, de ces Manufactures, qui ne subsistent encore que dans l'idée des faiseurs de projets, enfin, des précautions plus ou moins grandes que l'on prendra pour diminuer la masse de la contrebande, qu'il sera impossible d'écarter entièrement? Dans cette perplexité, quel parti doit prendre

le Fabriquant ? Gardera-t-il chez lui
cette multitude d'ouvriers, dont les fa-
laires peuvent abforber fes profits, pour
peu que ceux-ci foient médiocres ? la
prudence n'exigera-t-elle pas de lui qu'il
demeure au-deffous de fes forces, & qu'il
préfére l'inconvénient de gagner peu au
danger d'être totalement ruiné ? Il fe
réduira donc à une certaine quantité
d'ouvrages qu'il fe flattera de débiter.
Mais s'il n'a pas faifi avec précifion le
point auquel doit s'arrêter le débit intérieur, il fe trouvera en défaut vis-à-vis
de l'Etranger. Donc, une prudence louable deviendra encore un obftacle à l'exportation (a) : & que l'on ne s'y trompe

______

(a) Monfieur de Gournay écrivoit à Lyon,
en 1752, *qu'il falloit multiplier les bras, & qu'il
valoit mieux que* 10000 *pieces d'étoffes reftaffent
dans les magafins, que de manquer la vente
d'une.* Il avoit raifon, & parloit en Légifla-
teur qui connoît l'intérêt de la Nation ; mais
le Fabriquant connoît principalement le fien
propre. L'Art du Gouvernement eft de ne jamais mettre l'intérêt du Particulier en contradiction avec l'intérêt de l'Etat.

pas, cette défiance, si préjudiciable aux intérêts du Commerce, durera très-long-tems ; car elle ne doit naturellement ceſſer que lorſque l'expérience que l'on aura faite des nouvelles Fabriques, aura fixé, à peu-près, la différence entre l'ancienne & la nouvelle conſommation.

Joignez à ce motif de découragement, celui qui naîtra de la néceſſité où ſe trouvera-le Fabriquant, ou d'augmenter le prix des étoffes s'il veut gagner, ou de les baiſſer s'il veut vendre. On l'a déja dit, le prix des ſoyes doit augmenter à meſure que nos voiſins, ou établiront de nouvelles Manufactures, ou perfectionneront celles qu'ils ont dejà. Ceci n'eſt point une vaine ſpéculation. L'expérience nous fournit des preuves auxquelles ils ſeroit difficile de répondre. Depuis quinze ans on a planté prodigieuſement de mûriers en Europe ; cependant, depuis quinze ans le prix des ſoyes eſt conſidérablement augmenté. Pourquoi ? c'eſt que les Eſpagnols ont gardé les leur. C'est que les Anglois, les Allemands, & les autres Etats qui ont établi des Manufactures, ont couru aux achats de cette production; & quoiqu'elle soit devenue plus abondante en Europe, les Acheteurs qui se sont multipliés encore d'avantage y ont mis la presse.

Que sera-ce donc, si d'ici à dix autres années, tous les Peuples de l'Europe ont des Fabriques d'étoffes de soye ?

Mais, nous dira-t-on, cette cherté de la soye sera égale par tout. Cela peut être ; mais prenez garde que l'effet sera plus sensible, par rapport à nous, que par rapport aux autres Etats. Cet effet sera d'abord de rebuter l'acheteur Etranger: il a coutume de venir à Lyon, d'y acheter des étoffes à un certain prix. Il verra ce prix hausser : il n'examinera que cela, & sans faire attention que la même augmentation s'est faite dans le prix de toutes les autres Manufactures, il ira chercher

ailleurs : suppoſons qu'il y achete auſſi
cher : du moins, s'accoutumera-t-il à tâter
de toutes les Fabriques. Si quelques Marchands Etrangers reviennent à nous, tous
ne reviendront pas : un Commerçant a
toujours à perdre, lorſqu'il a pluſieurs
voiſins qui peuvent donner à auſſi bon
marché que lui, & qui quelquefois, peuvent baiſſer leurs prix pour ſe procurer
du débit : or, la perte ne peut être ici
que pour celui qui, juſqu'à préſent, a
joui de la ſupériorité. Le pis aller des
autres eſt de reſter comme ils étoient.

On ne manquera pas de nous objecter
que toutes nos preuves ſuppoſent une
émigration conſidérable : cela eſt vrai.
Mais jamais prévoyance politique ne fut
mieux fondée ; & il ne faut que jetter les
yeux ſur l'état actuel de l'Europe pour
s'en convaincre : qui ne ſait que le grand
objet des Puiſſances eſt d'augmenter leur
Commerce ? Qui ne connoît la jalouſie
des Anglois ? Qui peut ignorer les pro-

jets du Roi de Prusse ? Ceux qui tendent
à enrichir son Peuple ne sont point du
nombre de ceux que l'on blâmera dans
ce Prince.

Deux causes concurreront donc à nous
priver de cette foule de Citoyens, que
l'on aura rendus inutiles à leur Patrie.
1°. Le désir de se tirer de la misère.
2°. Les promesses & l'invitation des
Etrangers. L'une & l'autre suffiroient
seules, que sera-ce de leur réunion ?

L'Auteur des *Réflexions* ne peut se
flatter de dissiper entièrement ce juste sujet de crainte ; mais il entreprend seulement de nous *rassurer* (*a*). Il employe
à cela six mauvaises raisons, dont aucune
ne le rassure lui-même, & qu'il n'a réu-
nies que parce qu'il a cru faire illusion
par le nombre, s'il ne pouvoit convaincre
par la force des raisonnemens.

1°. Dit-il, *Le défaut d'occupation ne*

____

(*a*) Pag. 137.

*sera pas considérable , ainsi l'émigration né
peut l'être. Il y a de la mauvaise foi à nous
représenter tous les ouvriers du Royaume ,
passant chez l'Etranger , parce qu'on a établi une Manufacture.*

Cette objection seroit juste, si la diminution du travail des ouvriers devoit
être en proportion avec les accroissemens
de l'occupation des nouvelles Fabriques :
mais on n'établira *qu'une Manufacture* de
Toile Peinte , & sur le champ , ils se
consommera en France le produit de 30
Fabriques Etrangères. Donc, c'est le défaut d'occupation qui sera considérable ;
& ce qui ne le sera pas, sera au contraire,
le nouveau travail par lequel on s'imagine
pouvoir remplacer l'ancienne industrie.

Ainsi , c'est précisément parce qu'on
n'établira qu'une nouvelle Manufacture,
que les ouvriers de toutes les anciennes
seront réduits à l'indigence. Le mal sub-
sisteroit toujours , mais il seroit moindre
si l'on pouvoit établir, à la fois, autant

M iv

de Fabriques de Toiles Peintes que l'on fera tomber de Fabriques d'autres étoffes. Alors la perte ne feroit qu'en raifon de la différence de l'induftrie & du travail dans l'un & l'autre genre d'ouvrage.

2°. *Si cette raifon de l'émigration pouvoit nous arrêter aujourd'hui, elle auroit dû empêcher l'établiffement des Manufactures de foye & de cotonnades.*

Pitoyable argument ! Les Manufactures de foye & de cotonades devoient employer un plus grand nombre d'ouvriers, que les Fabriques auxquelles leur établiffement pouvoit faire tort. Il n'en eft pas de même des Fabriques de Toiles Peintes. D'ailleurs, lorfque nos Manufactures de coton ont été établies, ce n'étoit pas feulement la concurrence que nous avions à efpérer ; nos Fabriques étoient les feules dans ce genre ; c'étoit donc un Commerce fûr pour nous : les nouvelles Manufactures ont-elles les mêmes efpérances ?

Mais accordons leur tout le succès possible ; elles diminuent à raison de la moindre industrie, & l'exportation & la consommation : or, les Fabriques de soyes & de cotonnades devoient augmenter, & ont réellement augmenté l'une & l'autre.

3°. *Si l'horreur de la Toile Peinte chasse les ouvriers du Royaume, on peut demander dans quel endroit de l'Europe ils iront, où ils n'en trouvent pas.*

Ce n'est point l'horreur de la Toile Peinte qui chassera nos ouvriers ; c'est le défaut d'occupation, c'est l'indigence, c'est la misère. Donc, ils iront dans des Etats dans lesquels, quoique l'on fasse des Toiles Peintes, on a encore besoin d'habiles ouvriers en soye, aussi-bien qu'en cotonnades, & dans lesquels on sera fort aise de les employer. Ils iront dans des Etats dans lesquels on ne fabrique peut-être des Toiles Peintes, que parce que l'on n'a pû encore atteindre la perfection des autres étoffes. Ne sait-on pas déja dans les Pays-bas Catholiques, & dans l'Allemagne, l'essai de cette industrie, qu'il semble que nous voulions diminuer chez nous? Qui sait si les Anglois ne défendront point alors l'usage des Toiles Peintes dans leur Isle? Qui sait s'ils n'imposeront pas sur cette marchandise les droits les plus onéreux, pour obliger leurs Commerçans à ne trouver du profit que dans le débit qu'ils en feront chez-nous en fraude? N'est-ce pas même ce qu'ils font dès à présent, puisqu'ils rendent à la sortie des Toiles Peintes, un droit que les Toiles en blanc ont payé en entrant?

4°. & 5°. Si quelque chose peut faire quitter le Royaume à nos Fabriquans, ce sont les règlemens, la tyrannie des riches Fabriquans, la multitude & la pesanteur des chaînes, où l'on retient leur industrie captive. . . . En général le Peuple accourt là où l'industrie n'est point gênée.

C'est ici marquer de l'humeur, & non

donner des raisons. On sait bien que l'Auteur en veut aux Règles. Mais M. Colbert les a jugées nécessaires, & tant que son plan a été suivi, nos Manufactures & nos Fabriques ont été florissantes. Nous avons prouvé plus haut que le Commerce des matières de luxe devoit être non captivé, mais règlé par le Ministère. Pourquoi confondre toujours la gêne avec la Loi, & la tyrannie avec le Gouvernement ? Une expérience de près de cent ans, sert de réponse à cette objection vague. On ignore, d'ailleurs, ce que l'on entend ici par la *tyrannie* des riches Fabriquans. Il n'est presque aucun de ces riches Fabriquans qui n'ait été aidé dans sa jeunesse, & qui n'aide à son tour tous les jeunes gens, dans lesquels ils trouvent du talent & de la volonté. Ne soutiennent-ils pas, même dans des tems de calamité, tous les pauvres ouvriers ?

6°. *Je conviens*, continue notre Auteur,

que la crainte de l'émigration des hommes industrieux , doit engager le Gouvernement à ne leur point donner de caufes de mécontentement ; mais cette attention doit être réglée par les befoins & les droits des autres ordres de l'Etat ; en forte que pour favorifer l'induftrie d'une efpèce d'ouvriers , on ne foule pas les autres : qu'on ne mette pas un nouveau fardeau fur la tête du Peuple qui confomme , & du cultivateur prefque accablé ; enfin , qu'on ne donne point atteinte à la liberté civile , dont chaque Citoyen doit jouir.

Il étoit difficile de réunir de plus grands mots & de plus petites raifons. On convient ici tacitement, du danger réel & certain que l'on veut nous faire courir ; mais pour engager le Gouvernement à s'y expofer, on lui préfente des injuftices chimériques & des inconvéniens illufoires. Qui font *ces autres ouvriers* qu'il s'agit de *fouler* pour favorifer l'induftrie de nos anciennes Fabriques ? Eft-il queftion de deux espèces de Manufactures, dont on veuille écarter l'une pour faire fleurir l'autre ? Ces Fabriques que l'on craint de fouler, ne subsistent point encore. Et ce sont, au contraire, celles qui existent, qui servent l'Etat depuis des siècles que l'on voudroit écraser & anéantir. *Ce nouveau fardeau*, que l'on craint de mettre sur la tête du Peuple, quel est-il ? Des règlemens subsistent depuis l'établissemeut de nos Manufactures : il s'agit d'en maintenir l'exécution. Voilà donc ce poids si extraordinaire & si accablant.

Mais, à une injustice imaginaire, opposons la très-réelle injustice qui détruiroit l'Etat & la fortune d'une foule de Citoyens utiles, qui, sur la foi de ces règlemens anciens, se sont engagés envers la société. Ils ont fait des avances, ils ont payé des droits au Souverain, ils se sont destinés à un genre de Commerce qui fait actuellement leur unique ressource.

Quelle raison a-t-on pour la leur enlever?
Le plus grand bien de l'Etat ? A ce mot,
les anciens Fabriquans baifferont la tête,
& dûffent-ils être les victimes de leur
foumiffion, ils n'ont rien à répliquer.
Mais ne leur est-il pas du moins permis
de demander que ce bien de l'Etat, on
le leur faffe envifager auffi clairement,
que nous avons crû nous-même appercevoir la ruine du Commerce national?

CHAPITRE IX.

Examen des avantages attribués à la libre fabrication des Toiles Peintes. Réfutation des Chapitres VI. VII. VIII. & IX. des Réflexions.

NOUS avons donc démontré le préjudice que notre Commerce doit souffrir de l'usage & de la Fabrique des Toiles Peintes en France. Nous avons établi 1°. qu'elles ne souffriront jamais la concurrence des prix avec celles de l'Etranger, 2°. qu'elles augmenteront prodigieusement la contrebande, & feront sortir du Royaume une somme considérable d'argent tous les ans, 3°. qu'elles diminueront la consommation intérieure, 4°. qu'elles diminueront également la somme to-

tale de notre exportation & de nos retours. Il ne me reſte plus qu'à examiner
les prétendus avantages que notre Auteur
leur attribue.

Il a réuni les principaux ſous trois
chefs, le premier eſt le bénéfice de la
main-d'œuvre. Le ſecond, le meilleur
marché du travail de nos ouvriers &
l'aiſance du Peuple. Le troiſième, la
diminution des maux que la contrebande
entraîne.

Enfin, il a ramaſſé ſous un dernier
titre, un grand nombre d'autres petites
utilités, qui lui ont paru ſans doute moin
conſidérables ; mais qu'il n'a pas dû négliger dans une cauſe où il eſt obligé de
tout employer.

Parcourons tous ces objets. Nous les réu-
niſſons ici, parce que ce que nous avons déja dit, ſuffira preſque pour répondre à tout.

Pour prouver le bénéfice de la main-
d'œuvre que nous devons faire ſur nos
Toiles Peintes, on revient encore à l'e-
xemple

xemple de l'établissement de nos Manufactures de soye. *Alors*, *nous dit-on*,
nous n'avions point encore de plantations
de mûriers, *nous tirions toutes nos soyes*
d'Italie, *d'Espagne*, *& des Indes*; *le bé-*
néfice de la main-d'œuvre étoit donc le
seul que nous pûssions retirer.

Cela est vrai; mais qu'en veut-on
conclure en faveur des Toiles Peintes?
Pour que l'on pût tirer quelqu'induction
de ce fait, il faudroit que la main-d'œuvre
de celles-ci fût à la main-d'œuvre des
étoffes de soye; comme celle des étoffes
de soye étoit à la main-d'œuvre des
draps. Or, en achetant des soyes aux
Indes & en Espagne, nous communi-
quions, à ces matières premières, une
valeur triple de leur valeur intrinséque;
& cette augmentation de prix qui nous
étoit ensuite payée par l'Etranger, pro-
duisoit à l'Etat des retours immenses en
argent. D'ailleurs, nous encouragions
les Peuples à donner par la plantation des

mûriers & l'établiſſement des vers à ſoye une nouvelle valeur à leurs fonds.

La Fabrique des Toiles Peintes, au contraire, ne nous produira aucuns retours, cela eſt prouvé. Quand elle nous en produiroit, ils ſeroient peu de choſe au prix de ceux que nous rapportent les autres étoffes, parce que la main-d'œuvre des Toiles Peintes ne doublera jamais la valeur intrinſéque de la matière ; ainſi le prix total de la main-d'œuvre, loin d'augmenter, diminuera dans le Royaume: cette main-d'œuvre ne procurera à l'agriculture aucun nouvel encouragement.

Ici, notre Auteur nous contredit ouvertemeut, (a) *en ſoutenant que l'achat de la matière première d'une Toile de coton n'eſt pas le tiers de la valeur qu'elle a dans le Commerce, lorſqu'elle eſt filée, fabriquée, & teinte.* Comme il ne donne aucuns calculs pour prouver ſon aſſertion, il n'eſt

____

(a) Pag. 146.

pas possible de les réfuter. Ainsi on se contentera de lui répondre, que si la main-d'œuvre de la Toile Peinte est au coton, qu'on y employe comme trois est à un ; la main-d'œuvre des étoffes de soye est à la soye telle qu'elle est recueillie en France, au moins, comme 6. est à un. Il n'y a personne qui puisse douter que nos étoffes de Lyon & de Tours exigent toute une autre main-d'œuvre que les Toiles Peintes que l'on voudroit introduire.

Au reste, il régne une étrange contradiction entre ce Chapitre VI. dans lequel on veut prouver le bénéfice que la main-d'œuvre de nos Toiles nous produira, & le Chapitre IV. dans lequel on cherche à établir, que ces Toiles soutiendront la concurrence avec les Toiles étrangères.

Dans le Chapitre IV. on réduit la main-d'œuvre presqu'à rien : on a des fileuses à 2 sols 6 den. des Tisserands à

8 fols par jour. Dans le Chapitre VI. on donne 10 fols par jour aux fileufes, & trente fols aux Tifferands. L'Auteur que nous combattons, oublie-t-il au bout de cinquante pages ce qu'il a dit plus haut? Concluons-en qu'il adapte les faits à fes idées, & non fes idées aux faits. Lorfqu'il veut prouver que nous pourrons, en donnant nos Toiles à grand marché, faire tomber celles des Etrangers, & ceffer la contrebande ; il n'en coute prefque rien pour la fabrique ; s'agit-il d'établir que les nouvelles Manufactures procureront une grande confommation ? c'eft tout le contraire, & des matières premières, de la valeur de 15 liv. fe vendront 100 francs. C'eft un gain tout clair de 85 liv. Que l'on juge, par là quelle confiance on doit ajoûter à fes calculs. J'ofe le dire, ils font tous d'imagination & faits pour la caufe qu'il défend.

Mais adoptons-les un moment, & détruifons une partie de l'ouvrage par l'autre.

Selon lui, (Chapitre V I.) une valeur de quinze livres en coton se vendra chez-nous 100 liv. Soit ; mais les Indiens, auxquels la main-d'œuvre ne coute pres-que rien ; les Suisses auxquels elle coute fort-peu, nous enverront ces Toiles à beaucoup meilleur marché. La Compa-gnie des Indes nous vendra 36 liv. une Toile, dans laquelle nous employerions pour 15 liv. de matières si nous la fabri-quions nous-mêmes ; les Suisses seront en état de nous la donner à 40 livres ; que deviendra donc la concurrence ? Ainsi, lorsque notre Auteur nous dit que l'on vendra, cela veut dire simple-ment que l'on exposera en vente. Car je le défie de garantir le débit.

Reviendra-t-il à ses calculs du Cha-pitre I V ? alors même, comme nous l'avons prouvé, il n'établira point la con-currence ; mais ce qu'il y a de très-cer-tain, c'est qu'il ne prouvera point par ce compte que la main-d'œuvre de nos Toiles Peintes puisse jamais occasionner la consommation & la circulation que produit la Fabrique de nos autres étoffes.

Ainsi, de deux choses l'une ; il faut opter, & admettre où une main-d'œuvre chere, qui, comme on nous le dit, triplera la valeur de la denrée : & dans ce cas, nul débit, même en France ; où une main-d'œuvre beaucoup moins considérable, & dans ce cas là, diminution très-véritable, & dans la somme de notre consommation nationale, & dans le total de notre industrie.

Je ne vois pas de réplique solide à ce dilêmme, & je crois démontré, que, toque toutes choses égales, la main-d'œuvre des étoffes de soyes & des cotonades surpassera toujours de beaucoup la main-d'œuvre des Toiles Peintes.

Aussi, on peut obferver que notre Auteur donne bien des calculs pour prouver que les nouvelles Fabriques exigeront du travail & de la main d'œuvre, nous ne lui difputons point ce fait. Mais ce travail, mais cette main-d'œuvre, peut-on les comparer au travail & à la main-d'œuvre qu'exigent nos Fabriques? Il n'entreprend pas même d'examiner cette queftion; & c'eft cependant la feule qui méritoit d'être traîtée. Car notre propofition n'eft pas qu'il ne faut point d'induftrie pour faire des Toiles Peintes, mais qu'il en faut beaucoup moins que pour faire des velours, des damas, des petites étoffes de foye & de coton. Si donc vous pouvez ajoûter une nouvelle induftrie à la fomme de celle que nous poffédons déja, & fans diminuer celle-ci: à la bonne heure; vous avez grande raifon, & vous augmenterez le Commerce intérieur; mais fi la nouvelle induftrie que vous voulez établir n'eft que comme quatre, & que pour l'introduire, vous commenciez par diminuer de huit celle dont nous recueillons les fruits depuis si long-tems : ne venez pas vanter le bénéfice de la main-d'œuvre que vous ferez sur vos Toiles Peintes : car, comme nous ne nous fondons point ici sur l'intérêt des anciens Fabriquans, vous ne devez point, non-plus, donner pour motif l'intérêt des nouveaux. Nous ne devons considérer que l'Etat. Or, l'Etat perd si les anciennes Manufactures perdent huit pour que les nouvelles gagnent quatre. Tel est le langage que les Députés des villes commerçantes ont perpétuellement tenu.

Pour établir que le Royaume gagnera, on emploie p. 156, un calcul dont toutes les suppositions sont fausses, à l'exception de la première.

Notre Auteur suppose, & il a raison, qu'il sort tous les ans du Royaume vingt millions pour notre seule consommation de Toiles Peintes.

Mais il suppose ensuite 1°. qu'après la permission accordée de fabriquer, & de porter des Toiles Peintes, cette consommation sera réduite à douze millions, parce que l'on supprimera *les risques de l'importation & les profits intermédiaires.*

Cela n'est pas vrai : car si la contrebande baisse ses prix, ce ne sera pas seulement parce qu'elle n'aura plus de risques à courir, ce sera parce qu'elle importera en France une bien plus grande quantité de Toiles Etrangères : jusqu'à présent les Règlemens sont mal observés, mais ils subsistent du moins : les infractions sont tolérées, mais elles ne sont point autorisées : la consommation des Toiles Peintes doit donc être moindre qu'elle ne sera lors que les Loix seront abrogées : ainsi, loin qu'il faille supposer qu'après l'établissement des nouvelles Fabriques, la consommation intérieure des Toiles Peintes sera de douze millions, il y a tout à parier, que vû l'énorme contrebande, elle sera portée jusqu'à trente millions, & beaucoup plus.

Il suppose, en second lieu, que cette consommation de douze millions n'aura plus pour objet que les Toiles Peintes en France, & c'est en partant de là qu'il distribue le bénéfice de la main-d'œuvre évaluée à six millions cinq cens mille livres, sur trente mille personnes qu'il trouve le moyen d'occuper.

Mais rien n'est encore plus évidemment faux que cette hypothèse ; car 1°. pour que toute notre consommation se tournât vers nos propres Manufactures, il faudroit qu'elles fussent sur le champ en état de fournir au Peuple toutes les Toiles Peintes qu'il lui demandera. Or, c'est ce qui n'arrivera pas. Donc, les nouvelles Fabriques ne feront que faciliter la contrebande, & celle-ci augmentant à proportion des désirs du Peuple ; les nouvelles Manufactures de Toiles Peintes tomberont elles-mêmes ou ne s'établiront pas.

2°. Il faudroit que nos Manufactures puſſent acquérir & la concurrence de perfection, & la concurrence de prix avec les Manufactures de Toiles Peintes étrangères. C'eſt ce que nous avons démontré impoſſible. Nouvelle raiſon qui encouragera la contrebande, & qui la rendra inévitable.

Que devient, après cela, le travail de ces 30000 perſonnes que notre Auteur prétend occuper? Dans le vrai, nous n'augmenterons que le débit des Etrangers, & les Toiles Peintes que ceux-ci nous vendront feront dans nos anciennes Manufactures un vuide que je défie que l'on puiſſe remplir par le travail des nouvelles.

Il eſt inutile de répondre après cela, à cette objection ſi rebatue, que notre Auteur ramene par-tout. Les Indiens font des Toiles Peintes, les Suiſſes en font auſſi. Pourquoi n'en ferions-nous pas ? C'eſt préciſément parce que les Indiens

& les Suisses en fabriquent, que nous tenterions envain d'en faire un des objets de notre Commerce. Les Suisses n'ont point d'autres Manufactures à conserver & à maintenir : leurs Toiles Peintes produisent chez-eux un genre de consommation sans en anéantir un autre. A l'égard des Indiens, leur main-d'œuvre est à si bon marché qu'ils sont sûrs du débit avec toutes les compagnies de l'Europe. Ils ont une exportation certaine, & de l'aveu des plus zélés défenseurs des Toiles Peintes, nous ne pouvons nous flatter d'exporter les nôtres.

Passons au second avantage que l'on trouve dans la fabrication des Toiles Peintes : le meilleur marché du travail de nos ouvriers.

Notre Auteur fait résulter cet avantage de la plus grande aisance où ils se trouveront, lorsqu'il leur sera permis de s'habiller de Toiles Peintes.

On ne peut s'empêcher d'observer ici

qu'il suppose une effroyable consommation de Toiles Peintes, puisque, selon
lui, tous nos ouvriers vont en porter,
& par là être en état de baisser leurs sa-
laires ; s'il dit vrai, ce n'est pas à vingt
millions, c'est à plus de cent qu'il faut
évaluer la consommation des Toiles
Peintes. On ose le dire, c'en est fait de
toutes les autres Manufactures, si tout ce
qui travaille des mains en France aban-
donne les anciennes étoffes.

Mais 1°, est-il vrai que ces ouvriers
trouvent une diminution de dépense à
s'habiller des Toiles, qui, jusqu'ici, ont
été prohibées ? Nous avons fait voir plus
haut, qu'il y avoit une foule d'étoffes
en France plus solides, plus dura-
bles, plus propres aux vêtemens du
Peuple, & à meilleur marché que les
Toiles Peintes. Il est sûr, & nous l'avons
déja dit, que c'est la petite vanité & le
luxe du bas Peuple qui le porte à pré-
férer ces Toiles qui lui coutent plus cher

à des étoffes nationales, qui ne le rapro-
cheroient pas d'un ordre supérieur de
Citoyens. Ainsi, en niant ce meilleur
marché prétendu, on fait tomber tout
l'argument de notre Auteur. Les Toiles
Peintes ne sont un meilleur marché que
pour nos Dames auxquelles elles épargnent des damas, des satins, & des
étoffes de Printems ; nullement pour nos
ouvriers auxqelles elles ne peuvent épar-
gner que des siamoises, des Toiles rayées
& autres étoffes à bas prix, & d'un meilleur usage.

2°. Que répondront les Partisans des
nouvelles & idéales Fabriques à ce dilêmme éternel, mais invincible ? ou les
Toiles Peintes seront fabriquées chez-
nous, ou elles nous viendront de l'Etranger. Dans le premier cas, le prétendu
bon marché s'évanouit. Dans le second,
ce même bon marché est ruineux pour
la France.

Tout le reste du Chapitre VII. de

notre Auteur n'eſt que déclamation : nous
ne répondrons point à cet endroit pathé-
tique, dans lequel il peint *cette multitude
d'ouvriers qui ſervent à notre luxe, & que
nous avons attirés dans les grandes villes,
en dépeuplant les campagnes, comme des
gens qui y vivent, pour la plûpart, dans
le célibat ; qui dans l'abondance de la demande, rançonnent le Régnicole & l'E-
tranger, & font ſurpayer leur travail ;
qui dans des tems moins heureux, où le
Commerce languit, vivent oiſifs, pendant
que nous avons des terres incultes, & que
nous avons beſoin de Soldats & de Mate-
lots, & ſont entretenus aux dépens des
revenus municipaux ?*

L'Auteur qui ſe permet cette excurſion
ſi vive, ignore-t-il donc que plus les hommes travaillent & s'enrichiſſent, plus la
population eſt abondante ; que l'intérêt
de nos Manufacturiers eſt, au contraire,
de ſe marier ; qu'ils le ſont preſque tous ;
que ce qu'il appelle rançonner l'Etranger

n'eſt autre choſe qu'augmenter les prix
en raiſon de la multitude & de la concurrence des acheteurs, ce qui arrive
dans tous les genres de Commerce ; enfin,
qu'il fait ici la critique du Gouvernement lui-même, qui a cru devoir accorder dans des tems malheureux quelques ſecours à des Fabriquans laborieux,
& les encourager, par là, à attendre le
retour du Commerce, qu'ils ne pouvoient
abandonner ſans faire a l'Etat un tort
irréparable ?

Le troiſième avantage que trouve
notre Auteur, dans la libre fabrication
des Toiles Peintes, ſe tire *de la diminu-*
tion des maux qu'entraîne la contrebande.
Paſſons-lui la triſte peinture qu'il fait
de tous les malheurs qui la ſuivent : il
nous ſemble, cependant, qu'il inſiſte un
peu trop ſur la ſévérité des moyens qui
la proſcrivent ou l'arrêtent, & point
aſſez ſur la ruine que ſes progrès cauſent
à notre Commerce.

Or,

Or, il trouve un grand moyen de remédier à tout ; c'est de la laisser faire.

En effet, il ne prouve point que dans son syflême la contrebande fera plus rare, mais qu'elle fera impunie ; car, après avoir décrié de toutes fes forces, non ce genre de contravention, mais les peines peut-être un peu trop févères, qu'on a établies pour l'arrêter, il finit par dire, *que c'est une raifon bien puiffante pour fupprimer une défenfe qui caufe tant de maux ;* Etrange logique, qui de ce que la punition eft un mal, conclut qu'il faut laiffer aller la licence, & tolérer les défordres.

Un Gouvernement fage a coutume d'examiner d'abord fi une Loi prohibitive eft jufte, & utile ; s'il fe décide pour la prohibition, il délibère enfuite fur les moyens de la faire obferver, & je conviens qu'il doit choifir les plus doux & les plus éfficaces. S'il s'agit d'un délit qui ne foit qu'une contravention à une Loi de Commerce, il doit, pour ainfi

O

dire, propofer l'exécution de la Règle au rabais des peines : mais il n'en eft pas moins vrai qu'il doit la faire exécuter.

L'Auteur que je combats fuit une méthode toute différente ; il n'eft frappé que de l'inconvénient des peines ; & pour fupprimer cet inconvénient, il vient gravement propofer d'abroger la Loi pour n'être pas obligé de punir les infractions.

Cependant il eft forcé de convenir que la contrebande eft un mal, & un mal ruineux pour l'Etat.

Donc, au lieu d'infifter avec tant de vivacité fur ce que peuvent avoir d'o-dieux & de révoltant, les punitions trop févères de ce crime, il devoit commencer par prouver que ce crime fera beaucoup moins commun lorfque la défenfe des Toiles Peintes aura été fupprimée. Car fi la contrebande eft un mal, fi ce mal doit redoubler lorfque la défenfe aura été fupprimée, cette fuppreffion eft elle-même un mal, ou plutôt, une fource de maux.

Or, le nouveau projet, loin de diminuer les maux que la contrebande entraîne après elle les augmentera encore :
l'avidité des Contrebandiers sera toujours
la même, l'attrait du gain encore plus
sûr, le débit plus facile, l'impunité plus
certaine.

Mais veut-on laiſſer à l'écart ces maux
que la contrebande fait à un Etat Commerçant & Fabriquant ? veut-on n'enviſager, avec notre Auteur, que la ſévérité des peines ; je dis qu'elles doivent
être infiniment plus fréquentes & plus
cruelles dans ſon ſyſtême que dans le
nôtre.

1°. Rien n'eſt plus facile que d'empêcher le port & l'uſage des Toiles Peintes : il ne faut, pour cela, que les forcer
à ſe cacher.

2°. De-là il ſuit que les Contrebandiers n'ayant que très-peu de débit à
eſpérer, viendront bien plus rarement
nous apporter cette marchandiſe proſ-

crite : leur nombre diminuera donc ; or ;
moins il y a de coupables , moins il y a
de punitions.

3°. Ces peines même pourront ne plus
être si sévères : pourquoi punir de mort ,
pourquoi envoyer aux Galères des gens
qui n'en veulent ni à la vie , ni à la liberté des Citoyens ? La confiscation de
la marchandise , une amende forte , un
an de prison , tout cela ne suffira-t-il pas
pour arrêter la licence de quelques malheureux , lorsque l'on aura commencé
par diminuer l'attrait du gain qui les
sollicite ?

Donc , en laissant subsister la prohibition , & en la faisant exécuter avec plus
d'exactitude que de rigueur , vous arrê-
terez la contrebande sans perdre un seul
homme.

Si , au contraire , le port des Toiles
Peintes est une fois permis , qu'arrivera-
t-il ? 1°. Les Contrebandiers sachant que
tout le Peuple a la liberté d'en acheter ,

ſe hâteront d'en importer dans le Royaume ; ils ſe multiplieront ; parce que pouvant donner leurs Toiles à meilleur marché que nous ne vendrons les nôtres, ils ſeront ſûrs & du débit, & du bénéfice. Or, ceux qui veulent que l'on établiſſe des Manufactures de Toiles Peintes en France, conviennent qu'il faut continuer de défendre l'introduction de celles des Etrangers, donc il faudra encore des peines ; donc, elles ſeront plus fréquentes, parce que les délits ſeront en plus grand nombre.

2°. Je dis de plus, qu'il faudra qu'elles ſoient ſévères, & même cruelles ; car plus vous donnez de facilité au crime, plus vous devez l'effrayer par la crainte du ſupplice. Or, le port des Toiles Peintes étant permis, rien ne ſera plus aiſé que l'importation de celles de contrebande. Vous ne pourrez veiller que ſur la circonférence ; & auparavant la Loi pouvoit obſerver tous les points de l'espace : si donc vous n'écartés le Contrebandier par la terreur des peines, comment voulez-vous l'empêcher de franchir cette ligne, au-de-là de laquelle il voit & sa fortune assurée, & son impunité certaine.

Donc, le systême que l'on nous propose ne diminue, ni les maux que la contrebande cause au Commerce, ni la playe qu'elle fait à l'humanité, si elle est trop cruellement punie.

CHAPITRE X.

Continuation du même sujet.

Nous allons parcourir avec la *même
rapidité* (a) que notre Auteur, les autres
petits avantages qu'il trouve dans la fabrique des Toiles Peintes.

1°. Dit-il, *l'exportation de l'espèce sera
moindre. On évalue à 18 ou 20 millions ,
ce qui sort d'argent du Royaume, pour la
seule consommation des Toiles Peintes.*

Ainsi, on suppose toujours qu'il est
impossible de remédier à cette exportation de l'espèce autrement qu'en donnant
le plus libre cours aux Toiles Peintes qui
l'augmenteront encore : & l'on ne veut
pas concevoir que l'unique moyen de la

____

(a) Pag. 173.

faire ceſſer eſt d'exécuter les Règlemens qui ont défendu , & l'importation , & le port des Toiles Peintes , pour leſquelles l'Etranger reçoit notre argent.

Si le Gouvernement n'avoit aucun moyen pour maintenir l'obſervation des Loix prohibitives , le raiſonnement de notre Auteur auroit quelque choſe de ſpécieux ; mais ſi le Souverain eſt aſſez puiſſant en France pour faire exécuter les Règles qu'il donne ; c'eſt préciſément pour empêcher cette exportation de 20 millions d'eſpèces , qu'il faut défendre le port des Toiles Peintes , parce que pour une pièce que nous fabriquerons , l'Etranger nous en apportera 20 , qu'il ſera ſûr de débiter.

2°. *A la faveur de la ſupériorité de nos deſſeins , nous parviendrons , peut-être , à exporter des Toiles.*

Rien n'eſt plus douteux que ce *peut-être* ; diſons mieux , rien ne ſeroit plus illuſoire que cette eſpérance. Les Etran-

gers, à l'aide des Deſſinateurs, qui ſor-
tiront hors du Royaume, auront autant
de facilités que nous pour perfectionner
leurs Toiles Peintes. D'ailleurs, nous
avons prouvé que la concurrence des
prix eſt impoſſible, même chez nous,
avec les Toiles Peintes que l'Etranger
nous apportera. Elle le ſera encore d'a-
vantage chez nos voiſins, avec celles
qui auront été imprimées dans leurs Manufactures. Car nos Toiles, au moment
même où elles ſortent de notre Fabrique,
étant plus chères que les leurs, augmenteront encore de prix par les frais du tranſ-
port ; donc l'Etranger trouveroit trop de
perte à venir acheter nos Toiles Peintes,
quand même il ſeroit ſûr qu'elles ſeroient
un peu plus belles que les ſiennes.

*3°. & 4°. L'établiſſement de nos Manu-
factures nous fournira l'aſſortiſſement qui
nous eſt néceſſaire pour le Commerce de
Guinée, & pour nos Iſles Françoiſes de
l'Amérique.*

L'objet de cet aſſortiment ne fait pas un objet de plus de 4 à 500000 liv. par an : je demande ſi pour ce Commerce, qui ne nous peut jamais produire plus de 250000 liv. de retours, on peut ſacrifier l'avantage de toutes nos Manufactures : juſqu'à préſent les ports francs ont ſuppléé à cet objet de conſommation ; que diroit-on d'un gros Fabriquant, qui pour enlever à un Porte-bale ſon débit, ſacrifieroit une partie de ſon magaſin ?

5°. Permettre l'impreſſion des Toiles Peintes, c'eſt propoſer un nouvel emploi de nos cotons : *c'eſt convertir en or cette matière.*

Nous avons répondu plus haut à ce raiſonnement. Jamais nous n'avons été embarraſſez de l'emploi de nos cotons, loin d'en vendre aux Etrangers, nous en achetons d'eux.

6°. La Fabrique des Toiles Peintes eſt un moyen *d'étendre l'induſtrie dans nos campagnes . . . l'établiſſement des nouvelles Manufactures, la filature du coton, la fabrique & l'impression même des Toiles, placées dans les campagnes, pourront contribuer, au moins en partie, a y rapporter un peu d'aisance, & a y soutenir la population.*

J'aime à voir notre Auteur rendre hommage, lui-même, à la vérité, de nos principes sur la population : ce qu'il dit seroit excellent, s'il étoit possible d'établir ce genre d'industrie, sans en détruire un autre plus avantageux à l'Etat.

Mais enfin, qui empêche que l'on n'étende l'industrie ? Que l'on favorise le filage de coton, qu'on y occupe le cultivateur dans les momens où la terre n'a pas besoin de lui ; que l'on procure par là à sa femme & à ses enfans, un moyen d'ajoûter au gain du pere de famille. N'est-ce pas ce qui se fait en Normandie ? N'est-ce pas ce qui se fera dans toutes les Provinces où l'on voudra encourager l'industrie ? Croit-on que l'impression de la couleur ajoûtera beaucoup à ce travail ; des gens de la campagne ? Non, fans doute ; & cependant, c'eſt cette impreſfion, cette peinture, qui confondant enfemble & nos ouvrages, & ceux de l'Etranger, donnera à ceux-ci le plus libre cours, & fera perdre à l'Etat des ſommes immenſes, qui ne feront jamais remplacée.

L'exemple des Païſans de l'Etat de Gênes, que l'on nous cite (*a*), & *qui fabriquent dans leurs chaumières ces beaux Velours qui l'emportent ſur les nôtres*, ne prouve-t-il pas que les habitans de la campagne peuvent auffi chez nous s'occuper à un genre de travail qui rende plus à l'Etat, & qui ſoit ſujet à moins d'inconvéniens.

7°. Nous avons des Provinces frontières ; comme la Lorraine, l'Alſace, & la Franche-Comté, dépourvues de Manufactures : Elles feroient une barrière à l'introduction

____

(*a*) Pag. 188.

des Toiles étrangères , & pourroient en s'a-
grandissant parvenir à verser les leur chez
l'Etranger.

La raison pour laquelle il n'y a point
ou peu de Manufactures dans les Provinces frontières, c'est que le séjour de
la guerre est rarement le domicile des
Arts. Au reste, qu'ils s'y établissent, on
ne peut que le souhaiter, pourvu que
les Manufactures qui s'y formeront, ne
servent point de porte à l'introduction
des Etoffes étrangères : or c'est ce qui
arriveroit certainement si l'on y plaçoit
des Manufactures de Toiles Peintes ; car
encore une fois, si l'introduction & le
port de ces Toiles sont tolérées en
France , tout ce que l'Etranger aura
trouvé le moyen d'importer chez nous
prendra , lorsqu'il sera mis en œuvre, le
nom de la Fabrique de Strasbourg ou
de Metz ; il pourra même se répandre
dans nos Provinces avec les plombs & la
marque de ces Fabriques , il n'en sera

que plus impoſſible , & d'arrêter & de punir la contrebande.

Nous venons de ſuivre & d'examiner ſéparément tous les avantages que l'on ſe flate de tirer des nouvelles Fabriques. On demand e à tout Lecteur ſenſé, 1°. s'il peut les regarder comme prouvés; 2°. s'ils doivent être mis en paralèle avec les inconvéniens ſenſibles que nous nous flattons d'avoir fait appercevoir.

La contrebande ſeule , & l'introduction frauduleuſe des (*a*) Etoffes étrangères en eſt un ſi grand, que, ſuivant notre Auteur, elles ſuffiroient ſeules *pour anéantir la plus grande partie des avantages qu'il prétend tirer de la libre fabrication des Toiles Peintes :* auſſi eſt-ce à ce mal qu'il veut chercher un remède. Voyons s'il y a réuſſi.

____

(*a*) Il n'eſt pas beſoin d'avertir que tout ce que nous diſons ſur le danger de l'introduction des Toiles Peintes, doit s'entendre auſſi de l'introduction des étoffes de ſoye étrangères. L'importation de ces étoffes tolérées ouvertement, a fait à nos Fabriques une playe énorme.

CHAPITRE XI.

Examen des précautions, par lesquelles, dans le systême de la libre fabrication des Toiles Peintes, on croit pouvoir arrêter la contrebande.

CHERCHER des remèdes, c'est supposer un mal, & si dans le systême que nous attaquons, l'on croit avoir besoin de nouveaux moyens pour s'opposer à l'introduction de la contrebande, on est forcé de convenir qu'il la favorise.

Cet aveu nous est précieux, & l'on ne peut trop faire remarquer que notre Auteur n'osant se flater de nous rassurer pleinement sur nos craintes, se contente de nous dire que l'établissement des nouvelles Manufactures, ne seroit point sui-

vie d'une *introduction extraordinaire* &
confidérable.

Se fonde-t-il fur la nature des établif-
fémens qu'il projette ? Non. Mais fur le
pouvoir des remèdes qu'il a imaginés :
il reffemble donc à un Médecin qui viendroit gravement vous exhorter à un régime qui doit vous rendre bien malade,
mais qui en même-tems vous promettroit
de vous guérir.

Suppofons donc, ce que nous avons
prouvé jufqu'ici, que la permiffion de
porter en France des Toiles Peintes, en
y joignant même les efforts que l'on fera
pour en établir des Fabriques, doit naturellement en faciliter la contrebande,
& nous produire une affluence prodi-
gieufe de Toiles Peintes étrangères.
Cette hypothèfe ne s'eft que trop réa-
lifée ; en effet, depuis quelques années,
on a permis, ou toléré quelques-unes de
ces Fabriques : or c'eft précifément depuis leur établiffement que la contrebande eft devenue générale.   Voyons

Voyons maintenant par quels moyens on se flate de l'arrêter à l'avenir.

Deux moyens efficaces & pratiquables, nous dit notre Auteur ; le premier est la prohibition à l'entrée du Royaume seulement, jointe à la libre fabrication dans l'intérieur. Le second seroit l'établissement d'un Droit sur les Toiles étrangères, en permettant leur entrée dans le Royaume.

Il est inutile d'observer, comme le fait l'Auteur lui-même (a), que ces deux moyens ne peuvent être pris tous les deux à la fois ; aussi en donne-t-il le choix au Gouvernement. Il lui propose ces deux partis, & il avoue seulement qu'il donneroit la préférence au second.

Or il est bien singulier qu'un Ecrivain qui a composé un Chapitre entier (b), pour prouver qu'il étoit impossible d'em-

____

(a) Page 198.
(b) Chap. III.

pêcher l'introduction des Toiles étrangères , même dans le tems où l'on en
défendoit & le port & l'entrée , veuille
ici nous persuader que la Loi sera bien
efficace , si l'on en retranche la moitié.
Quoi ! vous défendez d'importer en
France des Toiles étrangères ; ce n'est
pas assez , vous en proscrivez l'usage ,
vous les saisissez par-tout ; on fait des
visites dans les maisons ; la contrebande
n'a pas un coin du Royaume , dans lequel elle puisse se cacher ; & cependant
son adresse triomphera des efforts du Législateur , uniquement parce qu'il n'aura
négligé ni soins , ni précautions ! Mais
lorsqu'il aura fermé les yeux sur tout ce
qui se passe dans ses Etats , lorsqu'il n'arrêtera plus ses regards que sur la frontière ; en un mot , lorsqu'il se bornera
à défendre l'introduction , il sera mieux
obéi ! Qu'elle étrange contradiction !
Qu'il est triste pour notre Auteur , d'ou-

blier ainſi à la fin de ſon Livre, tout ce qu'il a dit au commencement !

Notre raiſonnement, eſt, à ce qu'il nous paroît, beaucoup plus concluant : la raiſon pour laquelle il vous faut de nouveaux remèdes contre la contrebande, c'eſt que par la permiſſion générale du port & de l'uſage, vous détruiſez un des obſtacles qui s'oppoſoient à ſes ravages. Or ce nouveau moyen que vous propoſez, n'eſt autre choſe que l'obſtacle même que vous avez affoibli, en le ſéparant de celui que vous avez renverſé. Donc votre remède n'eſt rien : vous reſſemblez à un homme qui, des quatre portes de ſa maiſon, en ayant ouvertes deux aux voleurs, viendroit nous dire, que pour les empêcher d'entrer, il faudroit tenir les deux autres fermées.

Ainſi, tout votre argument ſe détruit par une ſeule réponſe. On ſe moquera de la prohibition, parce que l'on ſera sûr que la frontière, une fois passée, on n'aura plus rien à craindre.

Prenez garde, nous répond notre Auteur, que je joins ici deux choses, les défenses de l'introduction, & la fabrication intérieure.

Prenez garde vous-même, lui répondra-t-on, que cette fabrication intérieure est elle-même l'appas qui attirera chez nous la contrebande; parce qu'il lui sera toujours possible de faire confondre avec nos Toiles, celles qu'elle viendra nous vendre en France; donc vous donnez ici le mal même, pour le remède qui doit le guérir.

Etes-vous en état de fabriquer des Toiles plus parfaites que l'Etranger, & de les donner à meilleur marché que lui, en n'employant que vos cotons? Pouvez-vous vous flatter de faire tomber par-là tout ce que la contrebande pourroit importer chez-vous? Alors il n'est pas besoin de prohibition. Les Etrangers ne vous enverront point des Etoffes, dont il ne se feroit aucun débit, ou qui seroient vendues à perte ; mais si, comme je l'ai démontré, il ne vous est pas possible de soutenir la concurrence, vos nouvelles Fabriques languissantes & abandonnées, ne fourniront que plus de facilité à la Contrebande ; elles laisseront subsister l'appas du gain qui l'attire, & y joindront encore celui qui naît de l'impunité. Ainsi loin qu'*il soit évident*, comme vous le dites, *qu'aussi-tôt que nous fabriquerons nous-mêmes des Toiles, on trouvera moins d'intérêt & de gain à importer celles de l'Etranger* (*a*). Il est certain au contraire que l'*intérêt* & le *gain* seront les mêmes & la facilité beaucoup plus grande.

Mais, dites-vous, on ne peut regarder comme équivalent de la Toile Peinte,

____

(*a*) Pag. 194.

aucune production de nos Manufactures.
Donc il n'y a que la fabrication de ces
Toiles en France, qui puisse fournir cet
équivalent à la Nation.

Ceci est un pur sophisme. Tant que
nous n'avons point de Toiles Peintes,
leur équivalent pour le peuple n'est autre
chose que les petites Etoffes nationales
qui l'habilleront plus solidement & à
meilleur marché : si une fois nous établis-
sons en France des Fabriques de Toiles
Peintes qui soient plus chères que celles
de l'Etranger, ces Manufactures langui-
ront, & la contrebande seule, nous fournira cet équivalent que cherche notre
Auteur.

Il ne prouve donc point que le remède
qu'il a trouvé doive empêcher l'introduction des Toiles Peintes; il convient même
bonnement qu'il n'arrêtera point l'importation de celles d'une qualité supétieure,
aussi, selon lui, est-il impossible d'en empêcher l'usage ; la raison en est mer-

veilleuse : *C'est qu'il est propre aux gens riches.* A cela, nous n'avons rien à répondre.

Venons à son second moyen, il le trouve bien plus admirable que le premier : il consiste à permettre toute introduction des Toiles étrangères ; mais en les chargeant d'un Droit d'entrée. Ce n'est pas là, sans doute, empêcher la contrebande, c'est l'engager à se cacher un instant, pour faire ensuite tous ses ravages la tête levée. Notre Auteur nous a déjà dit plusieurs fois qu'il étoit impossible d'empêcher l'introduction des Toiles étrangères ; & qu'il n'y avoit point de surveillans qu'elle ne fut en état de tromper. Croit-on que le Droit imposé sur ces Marchandises, droit qui doit nécessairement diminuer les gains de l'Introducteur, lui ôte l'envie de se soustraire à des regards qu'il lui est si facile d'éviter ?

Vous vous trompez, nous répond

notre Auteur, car comme le Droit fera modique (*a*), l'Etranger aimera mieux venir vendre fes Toiles en payant un leger impôt, que de courir tous les rifques de la contrebande.

Mais y penfe-t-on, quand on vient propofer à l'Etat de pareilles reffources? C'eft-là, fans doute, fupprimer le nom de contrebande, mais c'eft en laiffer fubfifter tous les inconvéniens : car fi l'impôt n'arrête point l'Etranger, ou celui qui achette de lui ; il fortira donc de l'Etat des fommes confidérables tous les ans, pour l'introduction des Marchandifes étrangères ; & le feul avantage qui en réfultera, c'eft que fur quarante millions qui fortiront du Royaume, le Roi fera peut-être entrer un million dans fes coffres. De bonne foi, le Souverain

____

(*a*) Toutes ces raifons doivent nous faire fentir qu'il ne faudroit pas que ce droit fut exorbitant. p. 204.

regardera-t-il jamais comme un gain pour lui , ce qui feroit une ruine lente & fourde pour fon Etat ?

En un mot , ou le Droit fera tel que l'Etranger trouvera encore un gain à importer fes Toiles , & dans ce cas là l'introduction fubfifte , eft ruineufe à la longue , & il n'y a de fupprimé que le mot de contrebande ; ou le Droit fera tel que l'Etranger n'aura aucun profit à faire en s'y foumettant , & dans ce cas-là , il nous reftera & le nom & tous les funeftes effets de la contrebande.

Voilà pourtant les deux uniques précautions que notre Auteur à pû imaginer contre un mal , dont il eft forcé de convenir , contre un mal , qui , felon fes propres expreffions , eft tel , que *s'il étoit fans remède , il fuffiroit pour anéantir tous les avantages des nouvelles Manufactures.* Que l'on juge à préfent par la foibleffe & l'inutilité du remède , combien il eſt intéreſſant pour l'Etat de fermer tout accès au mal.

On ne croit point qu'il ſoit néceſſaire de réfuter un autre avantage que notre Auteur trouve dans l'introduction des Toiles étrangères : c'eſt, dit-il, que par eſprit de contradiction , nous n'en voudrons plus : expoſer au Lecteur des raiſons de cette eſpèce , c'eſt les avoir refutées.

CONCLUSION.

Nous croyons avoir prouvé dans cet ouvrage,

1°. Que ce n'est ni le goût de la multitude, ni l'intérêt des Commerçans, qui doit influer dans la décision de cette importante question. C'est l'intérêt général du Commerce, c'est le plus grand bien de l'Etat, considéré comme Fabriquant & Commerçant, qui doit être ici envisagé par le Législateur.

2°. Que l'intérêt des Marchands & Fabriquans n'est point ici en contradiction, avec celui du Commerce ; & que ces deux intérêts se trouvent même parfaitement réunis.

3°. Que l'on doit attribuer à l'usage des Toiles Peintes, au moins une partie de la langueur de nos Manufactures, &

de la diminution de notre Commerce.

4°. Qu'il sera toujours possible, au Gouvernement de faire exécuter les Règlemens prohibitifs en matière de Commerce, & cela sans cruauté, & même sans sévérité ; mais en y employant seulement de l'uniformité & de l'exactitude.

5°. Que s'il nous est possible de fabriquer en France des Toiles Peintes, il ne nous l'est pas de leur procurer la concurrence avec celles de l'Etranger, ni de faire tomber celles-ci par le meilleur marché des nôtres.

6°. Que de là il suit que la Fabrique des Toiles Peintes en France, sera incessamment suivie de la plus abondante importation des Toiles Peintes étrangères.

7°. Que par-là nos anciennes Manufactures perdront infiniment plus que les nouvelles ne gagneront, & que l'excédent de la plus grande perte sur le moin-

dre gain, fera une perte réelle & an-
nuelle pour l'Etat.

8°. Que nos Ouvriers réduits à l'inaction feront obligés de chercher un azile
chez l'Etranger, dont ils perfectionneront les Manufactures, & à qui ils en
procureront même de nouvelles.

9°. Que le vuide qui se fera sentir dans
nos anciennes Manufactures sera subit,
& le progrès des nouvelles, au moins
très-lent.

10°. Que de-là suivra une diminution
considérable dans notre Commerce, soit
intérieur, soit extérieur.

11°. Que le port & l'usage des Toiles
Peintes, diminuera de beaucoup notre
consommation intérieure.

12°. Que la langueur qu'il produira
dans nos Manufactures, diminuera considérablement la somme totale de nos
exportations.

13°. Que l'on ne peut présenter dans

l'établissement des Manufactures de Toiles Peintes aucun avantage réel , qui puisse nous dédommager des pertes qu'elles nous occasionneront.

14°. Enfin , que les moyens que l'on nous propose dans le nouveau systême pour arrêter , ou prévenir la contrebande, ne produiront jamais cet effet , & en produiront un tout contraire.

Ainsi les Députés des Manufactures du Royaume , osent se flater d'obtenir,

1°. Que tous les Règlemens qui ont été faits sur cette matière , & qui ont été tant de fois renouvellés depuis 1686, jusqu'à nous , ne soient point regardés comme des preuves de l'ignorance , ou du peu de génie des Hommes d'Etat, qui les ont jugés nécessaires.

2°. Qu'après s'être bien convaincu de la sagesse de ces Réglemens, le Conseil daigne les renouveller.

3°. Qu'il veuille bien déterminer la

manière la plus douce , & la plus efficace
de les faire exécuter.

4°. Qu'il ait la bonté de supprimer
toutes les permissions tacites qui leur
donnent atteinte , attendu qu'il vaut
mieux encore abroger les Loix , que de
les exposer au mépris.

Ce que nous avons dit jusqu'ici , n'est
que le développement des motifs sur lesquels les Députés du Commerce de tout
le Royaume ont appuyé les avis qu'ils
ont présentés au Conseil dans toutes les
occasions où on le leur a demandé ; par
tout ils ont déclaré uniformement (*a*),
que *l'impression que l'on s'efforce de protéger ; entraînera la ruine de nos Manufactures , qu'elle fera passer à l'Etranger
notre Commerce & nos Ouvriers ; qu'elle
anéantira toute autre industrie dans le
Royaume ; & enfin qu'elle nous rendra totalement tributaires de l'Etranger pour
les mêmes choses que nous sommes en possession de lui fournir aujourd'hui.*

____

(*a*) Avis du 20 Janvier 1758.

C'eſt ainſi que le vœu des véritables Citoyens ſe confond ici avec le légitime intérêt des Commerçans. Contens d'avoir mis ſous les yeux du Conſeil les motifs les plus importans, les conſidérations les plus juſtes ; en un mot l'unique raiſon qui puiſſe déterminer le Miniſtère, l'avantage & la richeſſe de la Nation ; les Fabriquans des principales villes du Royaume, croiroient manquer de reſpect aux Dépoſitaires de l'autorité légiſlative, s'ils ſollicitoient plus long-tems une déciſion, dont ils ont prouvé l'importance & la néceſſité. Du fonds de leurs Provinces, ils ſe contenterons de faire les vœux les plus ardens, pour que la ſageſſe du Miniſtère faſſe bien-tôt ceſſer les juſtes allarmes qui avoient réuni leurs Députés dans la Capitale, & leur laiſſe eſpérer de concourir encore longtems à la gloire de l'Etat, en travaillant à l'enrichir.

F I N.